Una manera amena y sencilla de adentrarse en el mundo del pilotaje virtual y la simulación. Un repaso a los principales pilares de la competición automovilística para adecuarlos al exigente mundo de la simulación virtual sin tener que recurrir a la búsqueda de formulas mágicas.

Dar las gracias más sinceras a Oscar García por repasar algunos de los capítulos y a Alberto Segovia por realizar la portada.

Gonzalo Cámara

Simracing 101
Guía básica de pilotaje virtual

ver 3.2

Prefacio

En un mundo dominado por la lengua inglesa es fácil dejar a mucha gente atrás. Cuando se trata de automovilismo, ese efecto se ve aumentado por mil. Recordad que si el Reino Unido fue una de las cunas del motor, al otro extremo se encuentran los Estados Unidos, uno de los países con mayor número de aficionados. En el simracing nos pasa exactamente lo mismo, bebemos en demasía de sus fuentes originales y por tanto la realidad del mundo del motor se basa en el idioma anglosajón.

Cualquier información que busquemos sobre pilotaje no es sencilla de encontrar. En primer lugar tenemos que familiarizarnos con unos términos nuevos en una lengua que seguramente desconocemos a un nivel tan técnico. En segundo lugar, es evidente la dificultad de encontrar material para estudio o aprendizaje desde cero. Según se afianzan los pasos en este deporte se van dando por sentados algunos detalles y cuando se ha de documentar una formación básica para un simracer novato, mucha de esa información se obvia. Este libro trata de solucionar estos problemas y también, en parte, supone una forma de estructurar mis ideas sobre lo que alguien debe conocer o debe tener en consideración para tener un cierto grado de éxito en los circuitos virtuales.

El título del libro "Simracing 101" es un término utilizado comúnmente en inglés para referirse al tipo de lecciones introductorias que sirven como base para empezar tus andaduras en cualquier tema en concreto.

No soy un piloto virtual extremadamente exitoso, pero aporto una longeva experiencia mantenida en el tiempo, siempre analizando, eliminando errores y tratando de convertirme en ese piloto trabajado que suple su falta de talento con el análisis concienzudo de sus propias debilidades, y por extensión, de las de otros.

Por lo tanto, en este libro se describen algunos conceptos muy subjetivos, otros más objetivos pero sin embargo todos básicos que te permitirán afianzar los cimientos sobre los que un simracer debería de crecer y evolucionar para poder alcanzar esa ansiada y pequeña zona entre la prudencia y la temeridad que se llama triunfo. Naturalmente, soy el primero en no cumplir muchos de los consejos aquí expuestos y yo también cometo errores estúpidos, aunque gracias a la experiencia de todos estos años intento que estos deslices sean cada vez menores.

Me gustaría comentar también que gracias a la plataforma digital en la que se realiza la publicación, ofreceré actualizaciones y correcciones según lo considere necesario. Creo que es un valor añadido apreciable para todos los lectores.

Sólo me queda agradecer a los que hayáis adquirido este libro por vuestra confianza y espero que su lectura se traduzca en algo positivo una vez os veáis en el circuito rodeados de duros contrincantes.

Ediciones

- 1.0 - Lanzamiento inicial.
- 1.0.1 - Corrección de erratas y formatos.
- 1.1.0 - Añadidos varios capítulos nuevos y ampliados algunos de los existentes.
- 1.1.1 - Corrección ortográfica, erratas y formatos.
- 1.2.0 - Añadidos capítulos, log de revisiones y renombrado de código interno.
- 1.3.0 - Añadidos capítulos, glosario, y renombrado de código interno.
- 1.4.0 - Añadidos capítulos, sinopsis y título, y secciones.
- 1.5.0 - Añadidos capítulos, correcciones y estilado.
- 1.7.0 - Añadido "Eliminando distracciones", más información en "La telemetría, una aliada" y corrección de erratas.
- 1.8.0 - Añadido "Tipos de curvas" y corrección de erratas.
- 1.9.0 - Añadido "Señalizaciones en carrera" y modificación en "Tipos de curvas".
- 2.0 - Añadido "Siempre existen reglas" y correciones varias.
- 3.0 - Añadidos nuevos capítulos, nuevos formatos y correciones varias.

- 3.1 - Actualización de textos y corrección de estilos.
- 3.2 - Preparación para la edición en papel. Actualización de textos y corrección de estilos.

Empezando por el principio

La barrera de entrada

El simracing, en principio, es algo muy atrayente. Raro es que a alguien no le guste conducir, sobre todo cuando puede hacerlo sin peligro ni estrés. Darse un paseo por una carretera de montaña o junto a la playa, por el simple placer de las vistas aunque estas sean virtuales, puede resultar muy interesante.

Desgraciadamente, pese a que el seguimiento de los deportes del motor sea mayoritario en nuestro país, su práctica a nivel nacional es más bien escasa. Correr en la realidad resulta caro y complejo, lo que propicia que España exporte muy pocos talentos a pesar de tener una cantera virtualmente ilimitada. Por suerte, aquellos que normalmente no pueden acceder a este deporte en el mundo real, han encontrado su ilusión en el automovilismo virtual y pueden, desde hace años, acercarse a simular la velocidad del circuito con cada vez más fidelidad.

Pero aunque el simracing sea más barato que ir a hacer track days (entrenos privados) en pista, sigue estando considerado como ocio juvenil o incluso infantil por una inmensa mayoría del público. Por otro lado, precisa de una inversión enorme comparado con cualquier otra simulación (salvo la aeronáutica) y este detalle lo aparta de los círculos usuales de periféricos comprables o asequibles para un jugador muy ocasional.

¿De cuánta inversión hablamos para empezar en el mundo del simracing? Depende. Como en toda tecnología, el abanico de precios y calidades es inmenso. El equipo más básico se puede encontrar desde menos de 100 euros en el mercado de segunda mano, por ejemplo. El volante y los pedales seguramente sean de plástico, pero suficientemente funcionales como para alcanzar las series más altas si nuestro talento y nuestra atención lo permiten. ¿Será este equipo tan básico fidedigno a las sensaciones que podríamos encontrar en un circuito real? No, pero todos empezamos desde abajo y como ya veremos más adelante, el hardware, afortunadamente, nunca resultará decisivo en tus resultados.

A continuación un esquema muy básico de ejemplo de la evolución que podría seguir un simracer actual. He obviado muchos modelos e incluso pedales, ya que los más básicos incluyen pedales de serie, aunque más tarde prefiramos adquirir componentes de calidad por separado.

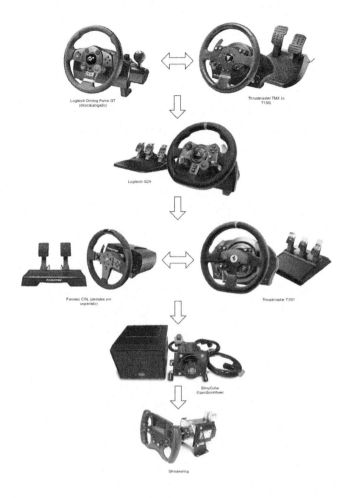

En mi opinión lo mínimo para hacer de este hobby algo disfrutable es tener al menos una base que permita 900 grados de giro, con unos buenos pedales, a poder ser metálicos y con peso para no moverse ante nuestras acometidas. No empezaría con algo menor a un G29, cuyo precio oscila entre 190 y 250

euros en los vendedores habituales. Actualmente cuento con un Open SimWheel muy similar al del esquema y estoy plenamente satisfecho gracias a su increíble verosimilitud, durabilidad, resistencia y calidad.

A partir de ahí, cuanto más tiempo nos dediquemos a entrenar y competir, también crecerá nuestro deseo de aumentar la calidad del equipo con hardware y software más creíble pero bastante más caro.

En general muchos hemos empezado con hardware de Logitech o Thrustmaster, como los venerables G25, DFGT, T300 y G27. Muchos todavía lo conservan y lo usan, y corren en competiciones de mucha exigencia. Uno de los primeros cambios recomendados son los pedales, ya que cuanta mayor sensibilidad tengamos con el freno mejores tiempos haremos. Desde modificaciones a los pedales del G27 hasta la adquisición de pedales de Fanatec o Heusinkveld, hay muchas opciones de compra y mejora para todos los bolsillos. En la actualidad, para el mejor FFB lo recomendado es usar bases de tipo Direct Drive como OSW, Fanatec Podium, Simucube 2 o SimSteering que tienen un precio elevado pero que merecen enormemente la pena.

El catálogo de hardware profesional que usan los equipos oficiales es cada vez más amplio y está disponible desde pocos miles de euros hasta varias decenas. Existen volantes y pedales con acabados en fibra de carbono, palancas de freno de mano hidráulicas, cabinas de movimiento en varios ejes o gafas de realidad virtual de alta definición para sumergirte en el circuito por completo. Lo que es seguro es que conforme vayamos aplicando en nuestro equipo alguno de estos upgrades, cada vez disfrutaremos más del simracing.

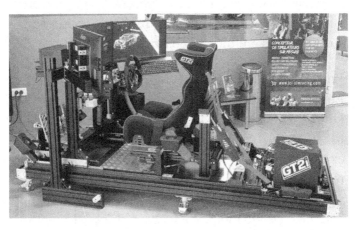

Aunque la adquisición de software sea más accesible que el hardware, también nos encontraremos con un rango de gasto bastante amplio según nuestra exigencia. Existen productos muy decentes que se adquieren de por vida mediante un solo pago, o servicios de suscripción mensual o anual a contenido por separado. Estas aplicaciones se diseñan cada vez con más realismo gráfico y van mejorando la compatibilidad con todos los elementos de nuestro equipo de simracing. Indicar también que aunque el hardware es muy importante, el software será el elemento clave sobre el cual girará todo el conjunto. Si el software que has configurado funciona, es eficiente, y sobre todo, cumple nuestras expectativas, nos permitirá desarrollarnos como pilotos. Profundizaremos en ello en uno de los próximos capítulos. Por último, es probable que gracias a toda la inversión realizada, tanto personal como monetaria, hayamos llegado al simracing para quedarnos durante mucho, mucho tiempo.

UN EQUIPO DE MILES DE EUROS NO SUPONDRÁ NINGUNA DIFERENCIA EN TIEMPOS PERO MEJORARÁ LA EXPERIENCIA PERSONAL

Al final como casi todo en la vida, se trata de como vamos a administrar y gestionar nuestro bolsillo.

La caja mágica

Aunque el simracing posee un público fiel en consolas, su madurez definitiva ha llegado a través del PC. Es allí, en el ordenador personal, donde el simracing ha ido evolucionando hasta un plano más allá de la mera diversión y donde recibe la mayoría de las innovaciones del sector.

Hoy en día, la simulación está progresando a pasos agigantados y es bastante normal que nos encontremos con representaciones fidedignas de lo que sucede en un circuito real. Ya no sólo hablamos de sensaciones y físicas del vehículo, sino de todo lo que le rodea. Hablamos de condiciones climatológicas, ambientales, lumínicas, sonoras y de cualquier cosa que podríamos ver en la realidad. Todo esto implica miles o cientos de miles de variables que han de procesarse en tiempo real, por lo que la potencia de cálculo de los procesadores importa, y mucho, cuando intentamos replicar la realidad de la forma más fiel posible. Como persona que trabaja con equipo informático día sí y día también, soy de la opinión de que nuestro tiempo de ocio bien merece una inversión acorde al valor que le damos. Si la mayoría de la gente le da mucho valor a su tiempo libre y a su ocio, ¿por qué no invertir lo necesario en nuestro hobby? Un buen PC, una máquina con componentes que rondan los 1.000 o 1.200 euros, dará garantías para disfrutar durante tres años o más del simracing con una calidad de primer nivel sin tener que preocuparnos en constantes actualizaciones. Desde luego que podemos buscar equipos más baratos. Por una cantidad bastante asequible cercana a los 300 euros podemos hacernos con un sistema que moverá cualquier simulador. Sin embargo, como acabamos de decir, se trata de conseguir experiencias fidedignas, no de perder más tiempo del necesario en hacer que las cosas funcionen.

Una experiencia satisfactoria con hardware de calidad, no solo en el PC, también con el resto de toda la instalación, debería quedar en nuestra memoria como un objetivo a conseguir, una meta a la que llegar con el tiempo y nuestras posibilidades. Siempre que sea realista a nuestros presupuestos, nadie nos tiene que impedir concedernos ese toque de calidad en nuestro ocio y disfrutar de las recompensas que generará ya desde el primer día.

En el tiempo que escribo estas líneas, Intel y AMD mantienen una fiera lucha en el mercado de procesadores ya que ambos luchan por el cada vez más beneficioso sector gaming. Mientras que AMD marca la pauta en la multitarea, es Intel quien parece aún dominar en la potencia por núcleo, así que depende de vuestras pretensiones y actividades lo que finalmente llegará a vuestra casa. Si vais a hacer streaming, quizá convengas AMD, si solo vais a jugar, quizá Intel. Depende de cuando leáis estas lineas, buscad información sobre lo que tenéis en el mercado y a que precios.

Pero mientras el procesador se ocupa de los cálculos de partículas, de las aerodinámicas y en general de cualquier proceso matemático que afecte a las físicas de nuestro coche, será la tarjeta gráfica quien realice el trabajo de renderizado de los frames en pantalla y quien permitirá que el software exprese su verosimilitud en la pista. La calidad de las texturas, la resolución, las sombras, el detalle de los objetos y la fluidez del conjunto del aspecto gráfico se beneficiará muchísimo de las prestaciones y del presupuesto del que dispongamos.

A pesar del esfuerzo realizado por AMD en este pasado año, es la americana Nvidia para tarjetas gráficas quienes siguen siendo los dominadores del panorama de gaming en PC Las tarjetas de la casa californiana Nvidia prevalecen como la punta de lanza de la innovación y la potencia, y demuestran ser de gran utilidad para dar rienda suelta a los dispositivos de realidad virtual. Hoy en día, la máxima inmersión en el simracing dependerá enteramente de estos últimos dispositivos VR. La segunda generación ya está entre nosotros y la alta definición de sus pantallas unido al incremento de potencia de los PC tanto a nivel gráfico como de procesador promete solucionar los escasos problemas y limitaciones que esta tecnología presenta en estos primeros pasos. Desde aquí recomiendo totalmente su uso para unas experiencias inolvidables en el simracing.

Mis recomendaciones en el aspecto de hardware, y debido al cambio continuo que sufre este mercado cada poco tiempo, se reflejan en unos rangos de precios que por lo general permiten asegurar un hardware de mejor calidad. Centrándonos solo en el hardware principal, CPU+GPU+RAM+SSD+PSU dentro de una caja podemos diferenciar varios rangos en los que movernos:

- **De 1500 a 2000 euros**: Procesadores de alta gama con multitud de núcleos y capacidad multihilo. Perfectos para jugar y realizar tareas de procesamiento en paralelo. Más apropiados para estaciones de trabajo y probablemente un poco por encima de lo necesario. Tarjeta gráfica de gama alta para acompañar a visores de realidad virtual.
- **De 1200 a 1500 euros**: Procesadores de gama media con mucha potencia por núcleo y apropiados para juegos y usuarios domésticos. Suelen llevar asociadas gráficas de gama media alta y memorias de stock. Ideal para

una configuración típica de triples o incluso RV.

- **De 800 a 1200 euros**: Mezcla de componentes de otras generaciones de calidad media buscando liquidar stock. Pueden ser una buena opción y su rendimiento ser casi tan bueno como algunos más caros. Hay que examinar y considerar cada elemento y ver que se ha sacrificado para obtener esa rebaja.
- **De 400 a 800 euros**: Procesadores de gama baja y tarjetas gráficas de gama baja. Suficiente si jugamos en un monitor de 60Hz y no superamos la alta definición. Puede ser una opción interesante para empezar.

Para acompañar a estos equipos actualmente cada vez se estilan más dos bandos; aquellos que prefieren los monitores debido a su resolución, y aquellos que prefieren los visores de RV debido a la inmersión. Personalmente me encuentro en el segundo grupo y uso Oculus ya que es el visor de realidad virtual que ha resultado el más balanceado en sus características para el simracing. De momento y hasta la llegada de la segunda generación y debido a su precio contenido se presenta como la opción más interesante.

En el bando de los monitores, las resoluciones son cada vez más altas y la frecuencia también, algo que resulta mutuamente excluyente para el trabajo de la tarjeta gráfica. En el simracing resulta mas importante la frecuencia que la resolución y es importante que todo surja con la fluidez necesaria. Cada vez se imponen mas los monitores de 144 Hz dejando ya atrás a los de 60 Hz, requiriendo a su vez un mayor desempeño del hardware.

BALANCEAR LOS COMPONENTES Y COMPRAR LO NECESARIO AL USO ESPERADO, CON EL MARGEN NECESARIO PARA PODER LIDIAR CON ACTUALIZACIONES DE SOFTWARE O NUEVOS DESARROLLOS

Mi recomendación es precisar un presupuesto sensato y poder ampliarlo un 10% en caso de considerar opciones a futuro o grandes diferencias de calidad. Es un aspecto en que no merece la pena escatimar.

El software

La elección de un simulador es un aspecto controvertido ya que en cierta manera, implica sentimentalismo y apegos hacia un producto que solemos usar con asiduidad. Es probable que algunos lectores no estén de acuerdo con mis elecciones personales, pero estas no son más que eso, elecciones basadas en lo que yo busco en un simulador y en lo que realmente quiero hacer con mi tiempo de ocio. Una vez aclarado este aspecto, vamos a resumir lo que tenemos al alcance de nuestros bolsillos.

Primero hemos de plantearnos qué buscamos, después cuáles son nuestras expectativas y por último, qué presupuesto estamos dispuestos a sacrificar por cumplir esas expectativas. Hay muchos y muy buenos productos en el mercado que cubren todo un elenco de competiciones y modos de juego que pueden satisfacernos. A continuación vamos a resumir el panorama de los simuladores en este 2018 para PC bajo Windows, la plataforma a la que siempre haremos referencia a lo largo de este libro.

Assetto Corsa: Un simulador muy elaborado y que cuenta con uno de los mejores FFB (Force Feedback) para volantes comerciales que existen. Su paquete base es muy asequible y contiene una gran variedad de vehículos, aunque algo menos de circuitos. Cuenta con la ventaja de que algunos de sus circuitos están escaneados por láser, lo que quiere decir que cuenta con la máxima fidelidad a la pista real reproduciendo baches, imperfecciones y detalles milimétricos del asfalto. En el plano de competición online depende casi exclusivamente de los eventos organizados por las comunidades, que a su vez utilizan mods (modificaciones o añadidos) para disputar series o recrear eventos concretos que no están incluidos en el paquete base. La editora italiana Kunos pone a la venta cada pocos meses ampliaciones en formato

DLC (contenido oficial descargable) tanto de coches como de circuitos. Gráficamente es un simulador moderno que permite también el uso de dispositivos de realidad virtual. Hace unos meses dispone de un port (versión) para la consola Playstation 4.

Assetto Corsa Competizione: Una entrega especial llamada Assetto Corsa Competizione, que cuenta con la licencia oficial de Blancpain para recrear circuitos y coches oficiales de la categoría GT3. Contenido cerrado que no permite el uso de mods pero que se va ampliando con DLC o contenido de pago. Buenas sensaciones de conducción aunque demanda un equipo muy exigente debido a su poca optimización. Tiene carreras oficiales todos los días y va mejorando la participación con ratings especializados para asegurar igualdad y nivel en las parrillas.

Automobilista: Los brasileños de Reiza han actualizado el motor del antiguo título conocido como Rfactor y tras una trabajadísima obra de ingeniería, este simulador regresa a primera línea. Por muchos entendidos, Automobilista tiene el mejor FFB disponible para los volantes Direct Drive (volantes acoplados directamente al motor, sin poleas ni mecanismos intermedios. Son los volantes de entrenamiento de los profesionales) y cuenta con gran parte de licencias y circuitos en Brasil y parte del cono sur. Hace poco el equipo de Reiza ha dado por finalizado tanto su desarrollo como la entrega de descargables, dado que ya no es posible actualizar más la base. El modo competitivo vuelve a recaer sobre las comunidades, al igual que la adición de contenido extra. Su precio es también muy asequible.

Automobilista 2: Reiza decide adquirir la posibilidad de uso del motor que da vida a Project Cars y propone una actualización de su título pero con todas las aplicaciones necesarias para convencer en estos tiempos; la realidad virtual, el soporte en pantallas triples, mejores texturas y gráficos y muchas otras cosas. Más licencias, y más contenido a los que acercarse y con los que disfrutar en pista.

RaceRoom: De los suecos Sector3, estudio con muchísima experiencia en la simulación y creadores de The Race, GTR o Volvo entre otros, llega este título centrado principalmente en turismos. Tiene licencias de DTM, WTCC, STCC y de muchos y variados circuitos. La mayoría de los contenidos están disponibles como extras, desde vehículos clásicos a modernos fórmulas y series clásicas de turismos. Por la necesidad de pasar por sus servidores para disputar las competiciones, su desarrollo se ha vuelto muy activo. Desconozco su nivel de sanciones o posicionamiento según talento, pero gráficamente es muy moderno y permite el uso de visores de realidad virtual con un resultado muy vistoso. Mezcla contenido escaneado con otros que no lo son, y su método de adquisición y pago se antoja cuanto menos confuso. Más caro que Assetto Corsa y Automobilista, aunque con más posibilidades de crecimiento.

Rfactor 2: Después de que los holandeses de Studio397 hayan recogido el testigo de los desarrolladores ISI (Image Space Incorporated), el desarrollo de Rfactor2 se ha reactivado con nuevas licencias y adquisiciones. La Fórmula E cuenta como uno de sus grandes activos y las condiciones climatológicas y los neumáticos son factores que apreciarán los más puristas. Cada vez más detallado y con más contenido, sigue dependiendo excesivamente de las comunidades para organizar competiciones y generar contenido extra. Es uno de los grandes simuladores que se pueden adquirir por muy muy poco, aunque necesita mucho tiempo de configuraciones para llegar a sentirlo como nuestro.

iRacing: Es el simulador más caro que existe actualmente. Casi todo el contenido ha de pagarse y se accede al servicio mediante el pago de una suscripción anual o mensual. A cambio, obtenemos un completo sistema de licencias y de competición online donde todo el contenido es oficial, escaneado, licenciado y trabajado por los fabricantes conjuntamente con la editora. La competición de iRacing es enteramente online, siempre registrada y con la posibilidad de protestar acciones sucias o desleales ante comisarios humanos. iRacing pone a disposición de sus usuarios carreras a todas horas del día con toda clase de vehículos compitiendo contra gente de todo el mundo, en las que nuestras acciones siempre contarán de cara a una clasificación de pilotos global. Eventos especiales como las 24 horas de Le Mans, las 12 horas de Bathurst, grandes premios de F1, Blancpain Endurance Series y un largo etcétera configuran una de las ofertas más completas dentro de la simulación. En mi opinión es un producto muy cuidado, que vale cada uno de los euros que se invierten en él y que gratifica enormemente el 90% del tiempo. Tiene la mejor competición online posible y es donde de verdad corren los mejores simracers. Durante este libro haremos indirectamente referencia a él en repetidas ocasiones.

Gran Turismo Sport: Por el gran poder negociador de Sony y su intención de meterse de lleno en los e-sports de la mano de FIA, es justo mencionar que hay vida más allá del PC. Gran Turismo tiene un concepto simcade, un software a medio camino entre un simulador y un juego, y su meta es llevar la competición al gran público pero consiguiéndolo de una manera un pelín mentirosa. Apenas tiene contenido escaneado y su sistema de daños es cuanto menos debatible- Por la cantidad de usuarios de consola existente, Gran Turismo Sport dispone de una base que se cuenta por millones y es en parte uno de los títulos por los que todo el mundo comienza en este mundillo. Hoy en día cuenta con un sistema de talento y de seguridad al igual que iRacing que permite ir ascendiendo poco a poco.

En conclusión, como veis, hay software para todos los gustos; simuladores para hacer hotlapping (correr en solitario tandas cortas bajando el crono), para conocer nuevas pistas, para recrear series antiguas, para correr contra gente de otras partes del mundo, para echar un rato, desarrollar una carrera como piloto durante años o para correr en consola. Los hay más baratos, más caros y con más disciplinas fuera de los circuitos (Dirt, drift…) Con esta información ahora nos toca a nosotros decidir y escoger según nuestros gustos.

SEGÚN TUS PREFERENCIAS Y NECESIDADES EXISTE UN SIMULADOR QUE TIENE LO QUE BUSCAS

Debajo una desglose del uso por simulador

- Assetto Corsa: 1800 jugadores de media por día. Picos de casi 4000.
- RaceRoom: Media sobre 300 jugadores por día, mas de 700 en hora punta.
- Automobilista: Media de 100 jugadores por día. Puntas de 300.

- Rfactor 2: 400 de media por día. Puntas de 1000.
- iRacing: Media de 3500 por día, mas de 7000 en hora punta.
- GT Sport: El más usado con 40000 usuarios de media al dia. Unos 80mil en las horas pico.

Una postura correcta

Pese a que en la vida real la posición de los pilotos dentro del coche siempre vendrá condicionada por las características internas del vehículo, es importante entender que en el simracing deberíamos de aprovechar las ventajas de realizar la actividad en un espacio controlado bajo nuestras premisas y buscar y configurar la mejor de las posiciones posibles para realizar la actividad.

Los formula no son lo que se dice cómodos

Es obvio que para conducir, necesitaremos estar sentados. Por desgracia, mucha gente no repara en la importancia de este aspecto. Dependiendo de las categorías que elijas en el simracing, las sesiones de pilotaje podrían alargarse durante muchas horas. Entrenos, carreras, certámenes en equipo como las 12 horas de Sebring o las 24 de Le Mans, pondrán a prueba la calidad de tu asiento, de tu cockpit y por encima de todo, de tu postura frente al volante o como lo llaman los profesionales, tu higiene postural. Y no hablamos solamente de ir más o menos rápido, sino de corregir ciertas rutinas para evitar posibles lesiones a largo plazo.

La posición es uno de los primeros aspectos que te enseñan en las autoescuelas.y de manera directa, es igualmente importante cuando estamos simulando la conducción. La comodidad y el acceso rápido a los diferentes mandos del vehículo son claves para imprimir la confianza necesaria para el manejo y el control del coche.

Por norma general deberíamos de estar sentados de forma cómoda, sin estar tumbados, con los riñones bien pegados al respaldo y lo suficientemente lejos del volante como para poder maniobrar con soltura. Nuestra muñeca debe caer (y poder flexionarse) sobre la parte superior del volante cuando tenemos el brazo completamente estirado. Con las manos situadas a las 9 y a las 3 de las agujas en un reloj, los codos han de quedar ligeramente doblados y deberíamos de ser capaces de girar el volante algo más de 90 grados sin cruzar los brazos ni soltar el volante en ningún momento.

Lo ideal tanto en casa como en el coche

Las piernas deberían de hallarse situadas de tal forma que no haga falta estirarlas completamente para llegar al fondo del pedal. Nuestras rodillas, flexionadas al inicio del recorrido pero con el suficiente ángulo para poder recostar ambos pies sobre los talones en caso de no tener que apretar el pedal, todo ello sin obligarnos a contraer los gemelos ni los tibiales. Si nuestra pedalera permite desplazar la distancia de los pedales, lo suyo es dejar el suficiente espacio entre ellos para que pisando el freno y el acelerador, no sintamos presión entre nuestros muslos. Habrá que tener cuidado también en el extremo contrario: alejarlos demasiado ocasionará molestias si tenemos que ejecutar un juego de pies en aquellos coches que dispongan de caja de cambios en H. La altura de la visión, responsabilidad directa de la altura de nuestro asiento, debería dejar nuestros ojos a un 65% de la altura del monitor, lo que nos permitirá mirar directamente y sin esfuerzo hacia el horizonte de la pista. Este ángulo reducirá la fatiga en el cuello y las cervicales, ayudando también a no cargar la espalda.

Es importante comentar que el volante y su giro no deberían de interferir en ningún momento nuestra visión de la pista por mucho que este detalle fuera imposible de alcanzar en un coche real.

Los hombros y los glúteos han de estar relajados y siempre en contacto con el respaldo. Si hemos tomado las anteriores advertencias respecto a la distancia de las piernas y los brazos, deberíamos de haber llegado a esta conclusión de forma natural. Notar que el respaldo lo encontraremos en una posición más vertical de lo que estamos acostumbrados, pero este detalle nos ayudará a soportar largas sesiones sin dolores de ningún tipo.

LA COMODIDAD ES LA PRIMERA
PIEDRA DE NUESTRO PROYECTO

La carretera es plenamente visible y tenemos acceso fácil y rápido a todos los instrumentos accesorios como botoneras o palanca de cambios. En esta posición, estaremos preparados para los stints o tandas más largos y a salvo de lesiones en el futuro.

Frenando con el pie izquierdo

Este es un tema que parece baladí o trivial, incluso muchas veces dándose por sentado que todos los simracer frenamos con el pie izquierdo, pero como veremos, está más lejos de la realidad de lo que parece.

Una vez comenzamos con el simulador, en este asunto en concreto, podemos enfocarlo de dos formas diferentes; la primera es tratarlo como si fuera un kart, posicionando cada pie en cada pedal respectivo para ejercer una supuesta correspondencia de elementos y posturas, lo cual hasta cierto punto puede parecer natural. Estamos aún empezando con coches de poca potencia y hardware barato, por lo tanto, dos pedales y dos piernas con las que interactuar parece lo más normal. Sin embargo esto es totalmente contrario a lo que hacemos en la vida real, en la que nos desenvolvemos con un solo pie contra dos pedales (acelerador y freno) y además usamos las manos para engranar marchas. En el simulador podemos activar todo tipo de ayudas para evitar tener que echar mano al cambio, o más directamente, evitar tener que usarlo, sencillamente porque no lo tengamos, pero si seguimos el espíritu de la simulación como un acercamiento a la realidad, nos estamos perdiendo gran parte del atractivo de conducir un coche real, con sus correspondientes correspondencias de cambio e intercambio y juego de pies.

Si actuamos de la misma forma que en carretera, vamos a estar usando nuestro pie izquierdo únicamente para embragar y desembragar, consignando el pie derecho a realizar labores de aceleración y frenado. Si queremos afinar estas características de forma que mejoren nuestra práctica de cara a la conducción diaria, es bastante aconsejable no juguetear con las posiciones de los pies. Nuestro pie izquierdo no suele estar sensibilizado con la fuerza aplicada al freno, y tampoco nuestra postura, que puede resultar incómoda si realizamos esta labor durante sesiones de muchos minutos.

En realidad no existe ningún problema en seguir usando el pie derecho para acelerar y frenar en casi todos los vehículos, salvo uno, el rendimiento en nuestros tiempos. El uso del pie izquierdo permite eliminar el tiempo de transición o de movimiento que realiza el pie derecho de un pedal a otro. Y mientras este tiempo incluye una función positiva en los vehículos en los que la amortiguación juega un papel fundamental como tiempo de estabilización para los diferentes pesos del coche, se convierte en un lastre en aquellos vehículos de gran aceleración que penalizan cada detalle de la salida de la curva. En estos últimos es necesario muchas veces ayudar al giro en curva con el acelerador mientras aún realizamos un trabajo de frenado en curva o trail braking, por lo que los dos pies necesitarán estar trabajando al mismo tiempo sobre los dos pedales, por lo que usar el pie derecho únicamente es una supuesta desventaja contra alguien que tenga dominado este aspecto.

En el otro caso, la conducción de vehículos que no tienen un control electrónico de la caja de cambios, se realiza con los tres pedales por lo que el uso de ambos pies es obligatorio, aunque el izquierdo es prácticamente sólo para el embrague. Hay pilotos capaces de mezclar ambas técnicas para poder usar el freno tanto con la izquierda como con la derecha en un mismo automóvil, ya que dependiendo de la curva a la que se enfrenten, puede convenir usar punta-tacón o simplemente realizar una frenada con el pie izquierdo para salir gracilmente acelerando con el derecho mientras solapan los pedales antes del vértice.

Este nivel de maestría sólo se alcanza con mucha práctica y muchas horas de entrenamiento y perfeccionamiento en pista. Podemos probar e ir adecuándonos poco a poco para sacar el máximo partido de estas técnicas y comportamientos y sólo incluirlos cuando hayamos desarrollado completamente su potencial.

UNA DE LAS PRIMERAS DECISIONES EN EL SIMULADOR, DECIDIR CON QUE PIE INTERACTUAR

Por otra parte también os puedo decir que usando únicamente el pie derecho podéis llegar a alcanzar niveles de excelencia en pista, simplemente limitándoos a perfeccionarlo al límite y cuidando todos los demás aspectos de la conducción. Al fin y al cabo no está demás recordar que Barrichello llegó a la F1 usando únicamente su pie derecho en una época en la que la competitividad de los pilotos era máxima y el talento estaba por encima de los apoyos económicos.

Coches deportivos, la tracción trasera

En el sur de Europa, y en particular en España, el mercado automovilístico no tiene el desarrollo que sí se da en otros países con mucha más tradición como son los Estados Unidos, el Reino Unido o Alemania. Cuando adquirimos un vehículo en España, suele ser por necesidades de transporte y movilidad, es decir, pensando en el día a día más que en el mero hecho de disfrutar de la conducción. Un coche deportivo suele considerarse como un lujo y aunque últimamente estamos viendo más unidades circulando por las ciudades, seguimos muy alejados de la cultura automovilística que existe más allá de nuestras fronteras.

Por esta razón, la gama de vehículos disponibles para el presupuesto de un trabajador medio suele estar compuesta casi en su totalidad por vehículos de tracción delantera. Son más baratos de construir, tienen menos potencia y son mucho más seguros para el conductor poco experimentado.

El problema llega cuando entramos en el circuito con nuestro coche virtual. Salvo honrosas excepciones, todos los coches de carreras que verás en el circuito serán vehículos de tracción trasera, y ese detalle determinará en gran medida la primera barrera que nos encontraremos. No se conduce igual un coche de tracción delantera que uno con tracción trasera y acostumbrarnos y conocer bien sus características en pista requerirán muchísimas vueltas, trabajo y frustraciones.

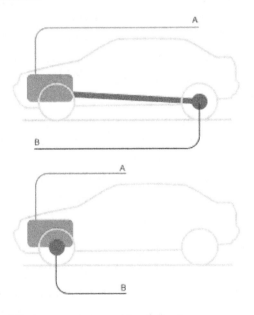

Tracción trasera y tracción delantera comunes en vehiculos de calle

¿Por qué circulan por nuestras calles tantos vehículos de tracción delantera?

- Se aumenta el espacio utilizable en el habitáculo.

- Se libera espacio constructivo en el capó, que puede hacerse más corto aún en beneficio del habitáculo en el caso de montar los llamados motores transversales.
- Se reduce el peso general del vehículo.
- Con un cálculo acertado de la geometría de las suspensiones y la dirección, se consigue mayor control en curva (subvirador).
- Mejor control y respuesta sobre situaciones adversas (lluvia, gravilla, etc.)

Si bien todas estas ventajas son justificables en recorridos de ciudad, las exigencias del circuito son bastante diferentes. Mover la tracción al eje trasero en un vehículo genera:

- Mejor adherencia de las ruedas tractoras en fase de aceleración debido a la transferencia de pesos que se genera por las fuerzas de inercia al acelerar.
- Mejor reparto de pesos que permite situar el centro de gravedad lo más cerca posible del centro de las 4 ruedas en automóviles con el motor delante, compensando un poco el conjunto.

Independientemente del tipo de tracción, la ubicación del motor dentro del vehículo también afectará a la técnica de conducción. Aunque este manual pretenda hablar de la experiencia virtual, los modelados de los vehículos en el simracing intentan simular las físicas de los coches reales y sería importante tener claras ciertas ideas:

Motor delantero

Gracias a las actuales ayudas mecánicas e informáticas a la conducción, hoy en día un vehículo con el motor situado en la zona delantera es igual de eficaz y seguro que otro con el motor situado en la zona trasera. Aunque parezca evidente, notar que cuanta más potencia tenga el motor, más difícil se hará la transmisión del agarre al suelo debido entre otras cosas, al reparto de pesos. En el caso del motor situado en la zona delantera, los neumáticos delanteros serán los que más sufran y por tanto, el par de gomas delantero necesitará un mantenimiento mayor por el desgaste.

Motor trasero

La transferencia de pesos es una de las claves de una buena conducción. Mantener el coche en la trazada correcta y por tanto, poder abrir gas en el momento oportuno, depende mucho de la inercia y de la posición del vehículo en pista. Controlar bien este concepto define el pilotaje en su más profunda acepción Es lógico, por tanto, que la alternativa mecánica para permitir que esto se produzca de la forma más eficiente posible durante la competición sea la de mover el peso a la zona trasera.

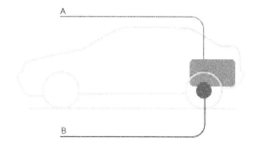

Motor y tracción trasera, la configuración habitual en competición

Una transferencia adecuada de pesos nos permitirá apurar al máximo la tracción de los neumáticos de la forma menos acusada posible -por un deslizamiento controlado o un sobreviraje- justo para trazar la curva de forma correcta. La diferencia entre un coche de calle y otro pensado para el circuito, radica al fin y al cabo, en aquellos aspectos que harán del segundo mucho más rápido.

Más adelante incidiremos más en estos puntos, pero como resumen:

LA TRACCIÓN TRASERA PERMITE
APLICAR MÁS POTENCIA CON MENOS
EFECTOS NEGATIVOS

Nadie dijo que el salto de un coche de calle a uno de carreras fuera a ser fácil, y cuanto antes asumas las diferencias entre ambos vehículos, antes empezarás a mejorar tus tiempos en el circuito.

En los libros

Maximizar la pista

Parece claro que pilotar en un circuito no es lo mismo que conducir en una carretera. Acostumbrados a ir encerrados entre las líneas del asfalto resulta muy complicado desconectar de esa norma y aceptar que ahora nuestros límites son mucho más amplios, pianos incluidos. Ya sea por la falta de percepción de la velocidad, por tratarse de una simulación o por subestimar la verosimilitud de la recreación virtual, nuestros primeros pasos suelen ser ilógicos, torpes y bruscos. En resumen; confusos. Solo hace falta comprobar la repetición de nuestras primeras vueltas desde una cámara aérea (disponible en todos los simuladores) para darse cuenta del margen de mejora en cuanto a aprovechamiento de pista que tenemos por delante.

Cuando un piloto desconoce un trazado, tiene varias maneras de afrontar el problema. Una de las más clásicas es sin duda el recorrido del circuito a pie, centímetro a centímetro,, aunque algunos otros optan por realizar la primera vuelta subidos a lomos de una bicicleta. Parece exagerado pero un recorrido a baja velocidad permite apreciar detalles que a alta velocidad son difíciles de percibir. Tanto en bici como caminando, uno se puede fijar en las irregularidades del asfalto, ir matizando puntos de referencia para las frenadas como son las manchas visibles o diferentes tonalidades que indiquen otras circunstancias y sobre todo, ir memorizando elementos externos que ayuden a fijar y a contrastar referencias por si se han de usar diferentes trazadas (sobre esto último hablaremos en páginas siguientes). Como en nuestro caso no es posible ir a pie, intentaremos dar varias vueltas a baja velocidad memorizando los giros, las rectas, los desniveles y si nos es posible, tomar algunas referencias externas para posteriormente usarlas en la fase de frenada.

Aunque no conozcamos una pista, ni sus curvas, ni sus dimensiones, existen ciertos aspectos que son estándar en todas ellas.

- Sentido de las curvas: aunque la siguiente curva no esté señalada explícitamente, hay detalles que delatan hacia donde va el asfaltado., Los pianos (bandas rojas y blancas en los laterales), por ejemplo. Si tenemos un piano a nuestra derecha antes de una curva es porque el giro se hará al lado contrario, en este caso, un piano a derechas significa que el giro será de izquierdas y viceversa.
- Distancias: En Europa y países no anglosajones se usa el sistema métrico para la señalización de la distancia de las curvas importantes o pronunciadas. Estos se sitúan

siempre en el lado contrario hacia el que deriva la curva, es decir, funcionan como los pianos del punto anterior. En Europa, Asia, Sudamérica o África marcan distancias en metros mientras que en USA pueden marcar en yardas, algo más que la misma distancia en metros.

- Marcas de neumáticos y frenadas en el asfalto: Un asfalto oscurecido por la goma de las ruedas señala claramente donde frenan muchos de los vehículos que transitan por el circuito, en que línea lo hacen y a qué distancia comienzan a frenar. Es un detalle importante que nos ayudará a entender y a desarrollar la trazada ideal.

Todos estos objetos del exterior de la pista y del interior del circuito tienen un valor inmenso para un piloto y además de ayudarnos a ubicar correctamente la situación del coche en la pista, también nos darán las referencias necesarias a la hora de ejercer y mecanizar acciones para seguir la mejor trazada. Las referencias han de tomarse en base a elementos fijos o estáticos para evitar que desaparezcan (los conos de seguridad cuando alguien se los lleve por delante) o cambien (sombras dinámicas) según avanza la carrera. El comienzo de los pianos, el cambio del asfalto, las señales de distancia de frenado o manchas indelebles en el circuito pueden ayudarnos a precisar y repetir una acción determinada vuelta tras vuelta.

Cuanto más cerca de la pista estén los elementos en los que fijarnos, mejor, ya que no tendremos que fijar la vista fuera del horizonte ni despistarnos sobre otras circunstancias de carrera.

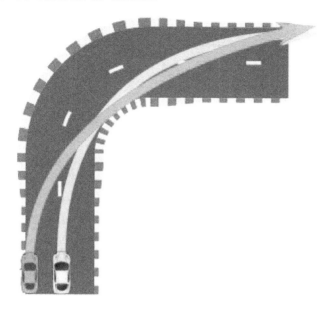

El coche verde puede acelerar más tiempo en linea recta

La velocidad máxima que alcancemos y por tanto, el mejor tiempo de vuelta, dependen mucho de cómo se transite por la pista. Las curvas han de tomarse siempre usando el menor radio posible del volante, es decir, del lado de fuera, más exterior y alejado del interior de la curva, hacia adentro, girando sólo lo indispensable. Para hacerlo de manera óptima, deberemos maximizar todo el ancho de la pista, aprovechando toda la superficie con adherencia a su alrededor y que no implique desestabilizar el vehículo, patinar o salirse del trazado.

APROVECHA CADA CENTÍMETRO DE LA PISTA QUE NO PONGA EN RIESGO TU ESTABILIDAD

Conforme la experiencia, el conocimiento de la pista y el pilotaje mejora, uno podrá ver por sí mismo la lógica con la que todos los pianos, las escapatorias del asfalto o los peraltes están colocados, y empezarás a sentir que en realidad están allí porque la propia trazada lo necesita. La pista entonces empezará a fluir de una manera natural y las curvas revelarán el ritmo (también llamado flow) que permitirán establecer la regularidad y la constancia necesarias. Pero sobre cómo afrontar las curvas y cómo preparar el coche para la trazada, hablaremos mucho más largo y tendido sobre ello en un próximo capítulo.

La vista marca el camino

Conforme avanzamos por la pista, nuestros ojos deambulan en busca de referencias. A veces buscamos puntos conocidos para marcar nuestras acciones mientras que otras sólo queremos ubicarnos en el espacio físico. Nuestro cerebro está continuamente decidiendo sus acciones en base a donde dirigimos nuestra mirada. Uno de los puntos más difíciles a la hora de adaptarse a la simulación automovilística es estimar la profundidad real de los objetos que aparecen frente a nosotros.

Hasta ahora, al menos mientras corremos frente a un monitor, siempre tenemos un espacio bidimensional delante nuestro que simula una tridimensionalidad de espacio acorde a unos parámetros que nosotros le fijamos y que por desgracia, no tienen por qué ser los correctos o adecuados. Cuando un piloto real se sienta en un simulador, la falta de información visual a la que su cerebro está acostumbrado, unido a la profundidad y a la coherencia en el tamaño de los objetos, hace que le resulte muy complicado encontrar esas referencias las primeras veces.

El ángulo del campo visual, o FOV por sus siglas en inglés, marca de manera determinante nuestra interacción con el simulador ya que regula la veracidad y la coherencia de lo que estamos observando. Ahora, con la aparición de los visores de realidad virtual, esta correlación se hace uno a uno y ya no es tan importante, pero si las gafas no son lo nuestro por tema de resolución, demasiada inmersión, jaquecas o mareos, nos veremos obligados a recurrir a los monitores.

Adecuar el tamaño de lo que vemos en pantalla a su equivalente real se consigue reduciendo el FOV empleado. A menor FOV, mayor tamaño de los objetos en pantalla pero menos ángulo de visión lateral, lo que redunda en un aislamiento mayor de nuestros flancos a cambio de conseguir una precisión inigualable en la luna delantera. La reducción del FOV es similar a echar el asiento hacia adelante en un vehículo para estar pegado al cristal, lo más cerca posible del asfalto. El punto negativo, como hemos dicho, será la falta de visión y percepción lateral que influirá negativamente en nuestra respuesta a enfrentamientos cuerpo a cuerpo. Esta limitación la deberemos de compensar a base de herramientas de situación, como el spotter o las referencias relativas.

Por desgracia, no hay valor definitivo de FOV. Todo depende de nuestra configuración, del monitor o monitores que usemos, del ángulo en el que estos están situados y de la distancia a la que nos sentamos. Incluso el marco de las pantallas podría influir en cómo percibimos los elementos. Llegados a cierto punto, lo mejor es ir reduciendo el FOV progresivamente mientras nos adaptamos al estilo distinto que requiere cada cambio de visualización. La clave es encontrar el equilibrio entre nuestro confort y la mayor visión lateral para no quedarnos vendidos cuando estemos disputando una posición en paralelo.

Un FOV demasiado cercano nos permite trazar mejor los vértices, pero perdemos completamente la percepción lateral.

Debemos de buscar un FOV equilibrado a nuestro hardware y nuestra distancia con las pantallas.

Es muy importante entender que cuando la mirada se centra en elementos externos de la pista buscando referencias para las frenadas, por ejemplo, u observando un muro, una escapatoria, vehículos de otros pilotos o cualquier otro punto que no sea el horizonte o el vértice a trazar dentro de la curva, y gracias a la manera en que nuestro cerebro funciona, más tarde o más temprano terminaremos conduciendo hacia uno de esos puntos.

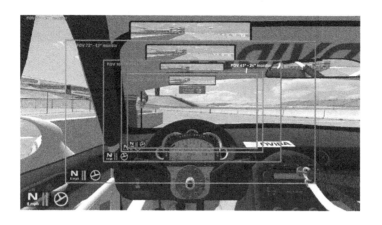

LA VISTA SIEMPRE HA DE IR UN PAR DE PASOS POR DELANTE DE LO QUE HACEN MANOS Y PIES. UN FOV EQUILIBRADO NOS PERMITIRÁ APRECIAR CORRECTAMENTE DISTANCIAS Y DIMENSIONES Y NOS FACILITARÁ LA CONDUCCIÓN

El objetivo, por tanto, será mantener siempre la vista en la carretera, aproximadamente a 150-200 metros por delante de nuestra posición, o hasta el siguiente par de vértices en la curva. Ir un paso, dos o tres por delante, dejará que nuestro subconsciente trabaje y le permitirá obtener la información necesaria para no tener que pensar ni decidir de manera consciente. Este lugar donde ocurren las cosas de forma mecánica es a lo que algunos pilotos llaman "La zona".

Ajustar el vértice

Se suele decir que las curvas se deben de trazar siempre de fuera hacia adentro, usando el menor radio posible del volante y tocando el vértice. ¿Es esto realmente cierto? Si estás empezando, creo que es un buen consejo que te preparará para entender el concepto más avanzado. En realidad, trazar una curva de manera ideal tiene bastantes más matices que tener en cuenta.

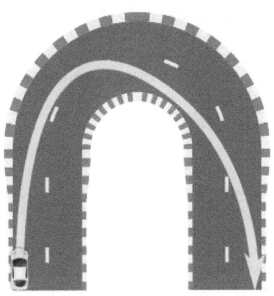

Las horquillas son un buen ejemplo donde se puede ver la diferencia con el vértice geométrico

Aunque la trazada ideal está basada en conseguir el menor radio usando la amplitud de la pista (empleando el menor radio de giro con el volante en cada una de las curvas), esta acción no será siempre la acción óptima. En curvas de radio cerrado mayores de 90 grados, el modelo matemático predice que no será la forma más rápida y que el resultado se aleja bastante de la trazada ideal.

Lo que se conoce como vértice es el punto más cercano del interior de la pista por el que debemos de trazar la curva para conseguir la mayor aceleración y mejor trazada posible usando el menor radio de giro. Ya que nuestro vértice de pilotaje difiere del óptimo matemático que marcan los modelos, nuestra aproximación al vértice deberá variar para adaptarnos a esa nueva realidad.

Cuando nuestro pilotaje esté aún lejos de la trazada óptima y estemos dando nuestros primeros pasos en un circuito, sitios como https://www.raceoptimal.com nos permitirán simular las trazadas perfectas para las curvas de muchos de los circuitos más conocidos segmentadas por diferentes tipos de vehículos.

SUNSET BEND

17

La última horquilla de Sebring está llena de baches
que raceoptimal no contempla.

El vértice, o apex en inglés, además de ser el punto
más cercano a la cuerda de la pista, es también el
punto donde nuestra trazada de entrada debería de
cambiar a la de salida. Es decir, el apex o vértice será
el punto en el que deberemos de haber colocado el
coche para poder empezar a salir de la curva. Se trata
del punto ideal de aceleración que permitirá salir con
el menor giro posible de volante y que, por tanto,
optimizará la velocidad punta en la recta que sucede a
la curva.

Por esquematizar: La llegada hasta el apex forma parte de la entrada de la curva. Para acercarnos a ella de forma consecuente, utilizaremos las referencias o puntos de frenado que previamente habremos entrenado y una vez la hayamos superado, empezaremos a acelerar para salir de la curva a la máxima velocidad posible. Durante este proceso podremos distinguir varias fases:

- Fase de máxima frenada
- Punto de giro (inicio de trail braking o frenado en curva)
- Transición entre acelerador y freno
- Equilibrio con el acelerador
- Aceleración progresiva
- Máxima aceleración

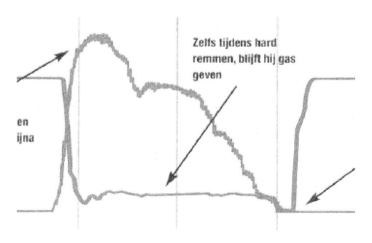

Gráfico de una frenada realizada correctamente

1. La frenada es la primera etapa. Ni que decir tiene que es de gran importancia debido a la necesidad de reducir de forma previsible y controlable una masa en movimiento con una inercia sustancial. Durante esta etapa deberemos de ser capaces de aplicar la presión necesaria en el freno para conseguir la máxima frenada sin castigar en exceso al neumático. Aplicando una presión excesiva nos encontraremos con un bloqueo del neumático que enseguida derivará en un plano (el neumático se gastará de manera continua solo por el plano que roce el asfalto) y dependiendo del tiempo en el que neumático siga en esta posición de bloqueo, podría comprometer enormemente el resto de nuestra carrera. Como ya hemos sugerido, el freno ha de usarse durante el menor tiempo posible, y con la presión de nuestro pie en el pedal lo más aproximada al porcentaje óptimo deseable. Dependiendo de las condiciones de la pista, del uso del neumático, del gasto de combustible o de muchas otras variables, este porcentaje varía enormemente de un vehículo a otro. Familiarizarse con cada uno de ellos, su peso, equilibrio, velocidad y características, es cuestión de experiencia y trabajo. Las gráficas de frenada óptimas indican que la frenada ideal aplica un pico más de intensidad en un primer instante cercano al bloqueo de

las ruedas, para luego estabilizarse durante un breve momento en un porcentaje más bajo. De esta manera se permite reducir tanto la velocidad como las marchas de forma que el giro y la entrada a la curva en busca del apex se realicen a la velocidad idónea.

2. Una vez el vehículo ha sido detenido a la velocidad que consideramos idónea, procedemos a efectuar el giro suavemente para "navegar" por la curva hasta el apex. El punto de giro suele localizarse más allá del punto de giro matemático ideal y coincide con el inicio de la técnica conocida como trail braking. El trail braking consiste, de forma resumida, en ir girando el volante a la vez que soltamos progresivamente el freno. A más giro efectuado, menos freno aplicado. Con ello deberíamos conseguir un balance más adecuado de pesos y una detención ideal del vehículo. El uso del trail braking no es siempre una decisión acertada y dependerá mucho del vehículo usado y de las trazadas escogidas.

3. El tiempo de transición entre el acelerador y el freno deberá de ser el mínimo posible. Pero aunque la teoría dice que el cambio instantáneo es el movimiento óptimo, es algunos vehículos permiten que este periodo de transición sea algo mayor para equilibrar pesos. Evidentemente, siempre que el coche

pierda velocidad durante la transición, también se perderá tiempo en carrera. Solo una práctica y un entrenamiento concienzudo puede acercar ese 100% de precisión necesario para que el tiempo entre pedales sea 0.

4. Cuando comenzamos a presionar el acelerador, su carácter analógico nos permite controlar progresivamente la tracción del vehículo. Con ello debemos jugar para posicionar correctamente el coche en la curva y enfilar el camino hacia la salida. Pequeños toques del acelerador en coches de tracción trasera permiten inducir ligeramente al sobreviraje si existe suficiente potencia. Si no, ese toque conllevará un subviraje que alejará al piloto del apex y por ende, de la trazada óptima.

5. Una vez hemos concluido la posible corrección de la falta de tracción o posición del vehículo durante el inicio de la aceleración, deberemos de seguir tanteando el pedal de manera progresiva mientras la subida de revoluciones nos da la potencia que necesitamos para afianzar la velocidad y el grip.

6. Cuando hemos ganado esa confianza con la tracción, llega el tiempo de pisar el pedal a fondo y controlar ligeramente la dirección para navegar hacia el exterior de la curva

consiguiendo una velocidad de salida óptima. Ahora solo necesitamos comprobar que estamos pasando por encima del piano de salida exterior acelerando a tope mientras controlamos la dirección.

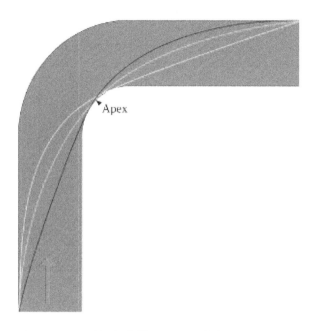

Un apex tardío habilita una salida casi recta

Estas seis fases son las mismas que leeréis en cualquier sitio de la web o en libros de referencia. Hay bastante unanimidad en esta división y en lo que representa cada una de ellas.

Tipos de curvas

Cómo decíamos antes, el modelo matemático que nos permitirá hallar los vértices de las curvas cuando estamos pilotando no siempre será posible ni nos llevará a la mejor de las trazadas.

Teniendo en cuenta que nuestro objetivo último en la curva será la de conseguir la máxima aceleración de salida, lo primero que debemos entender es que el apex -o el punto de inflexión- irá cambiando en cada giro: las condiciones de la pista, de nuestro propio vehículo y el de toda la carrera en general, serán siempre dinámicas. Qué duda cabe que conocer una curva de memoria, con sus distancias, sus referencias, sus baches y su agarre aproximado nos ofrecerá una gran ventaja, pero debemos de estar preparados (habiendo entrenado) para manejar ese porcentaje de imprevistos que con toda seguridad se darán según avancen las vueltas y adaptar nuestra trazada a los distintos escenarios.

Por regla general, y reduciendo las variables externas al mínimo posible, la posición del Apex durante una carrera real suele ser más tardío de que lo que nos dictaría el cálculo del vértice matemático. Si priorizamos la velocidad a la salida de la curva, comprobamos entonces cómo el punto de giro debería de moverse ligeramente hacia adelante, algo más cerca de la salida. Esta regla de atrasar el Apex será directamente proporcional al grado de la curva: cuanto más cerrada sea esta, más posibilidades existirán de que ese punto se vaya retrasando y por tanto, de que alarguemos la frenada.

Este efecto es posible gracias al comportamiento de la tracción trasera de los coches de competición, una característica especial de este tipo de vehículos que permite un gran sobreviraje y acometer grandes giros en muy pocos metros.

Ahora bien, cuando introducimos variables externas impredecibles como la temperatura de la pista, el estado de la goma de nuestros neumáticos, su adherencia, la situación y trazada de los rivales o simplemente los errores propios, es cuando la trazada por curva muta por completo y en muchos de estos casos el cálculo de la trayectoria que teníamos asumida pasará a ser imprevisible.

En las carreras reales -y durante muchas vueltas- los pilotos se limitan a circular por la línea de carrera que marcan las capas de goma depositadas por los vehículos, un camino que permite una mayor adherencia comparado con el asfalto exterior donde se localizan los restos de goma (marbles) que comprometería la estabilidad del vehículo.

Pero los accidentes y las situaciones en carrera harán que todos nuestros cálculos queden lejos de ser los óptimos. Cuando caen unas gotas de agua sobre el circuito, por ejemplo, esa misma capa de goma que antes nos ofrecía un mayor agarre, se ha convertido en una superficie tan deslizante como un bloque de hielo, haciendo imposible transitar sobre ella y cambiando, por tanto, toda la linea de carrera.

Vamos a describir a continuación los tipos de curvas y ángulos más comunes que nos encontraremos en los circuitos y lo más importante: estudiemos cómo afrontarlos de forma general con vehículos de competición independientemente de su clase.

Curva de radio pequeño

Atención, porque suelen ser curvas engañosas. Aunque puedan parecer extremadamente fáciles, no te confíes porque no lo son. En estos ángulos hay que adelantar el vértice mucho más de lo que esperamos debido a la velocidad -y el momento- que lleva el coche al atacar la curva. Fallar el apex implica irse muy largo a una velocidad muy alta en la salida de la curva, con el consiguiente riesgo de incidentes.

Curva en ángulo recto

Es la más básica y la más tradicional de todas. El vértice matemático se iguala con el apex ideal de paso por curva. Aún así, tal y como hemos dicho anteriormente, siempre será mejor retrasarlo un poco para así ganar aceleración en la recta posterior.

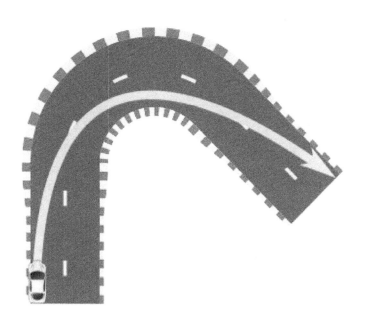

Curva de radio amplio

Aunque en principio también pueda parecer sencilla, es una curva que habrá que estudiar muy bien. En este tipo de giros la salida se va cerrando en un ángulo que a menos que haya sido entrenada a conciencia, suele traer problemas de trazada exterior. La norma dicta que cuando sean curvas de más de 90 grados, será conveniente retrasar el vértice lo suficiente para así poder aprovechar una tracción limpia en la salida.

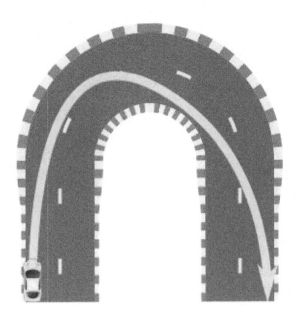

Horquilla

Se denomina así a la curva donde realizamos un cambio de sentido antes de salir de la misma. Es muy típica en las subidas de montaña de rallies aunque la trazada en los circuitos de competición sea totalmente diferente. Cuando la situación de los pilotos es la indicada (en paralelo al contrincante y con espacio suficiente), estos giros suelen generar grandes frenadas previas a la entrada en curva con el objetivo de adelantar posiciones. Por desgracia, también propicia fallos de cálculo y pérdidas de velocidad en las salidas. Conduciendo en solitario, el Apex debería de tomarse más tardío debido al menor ángulo usado en la salida y que permite una mejor tracción.

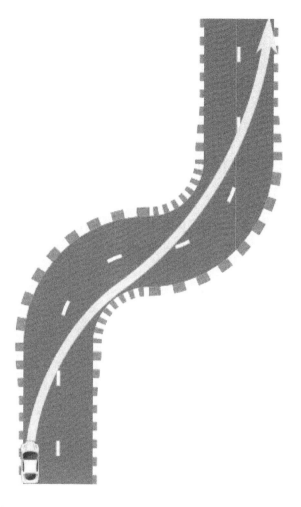

Chicanes

Las chicanes son combinaciones de 2 curvas concatenadas, izquierda-derecha o derecha-izquierda, usuales en la configuración de la mayoría de los circuitos hasta el punto de existir trazados compuestos exclusivamente de ellas -Mugello o Zolder, por ejemplo-. La variación en la distancia y el ángulo de las dos curvas les otorga una categoría propia y diferente dentro de cada una de ellas. Por si fuera poca la complicación que añaden al circuito, existen también chicanes con desnivel a lo largo de su trazado, lo que aumenta exponencialmente su dificultad. El primer tipo que mostramos [ver gráfico a continuación] es el más sencillo de afrontar: deberemos de trazar una línea casi recta que busque los vértices de cada una de las curvas. El muro de los campeones en Montreal es un buen ejemplo de estas chicanes de alta velocidad.

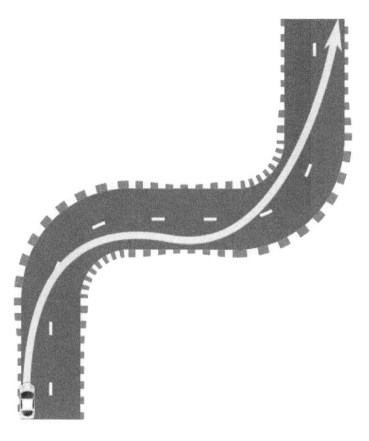

Chicane más técnica que la anterior. Requiere sacrificar la velocidad de salida en la primera curva para así facilitar la entrada y la posterior salida. Aunque no parezca un movimiento natural, y por ello uno de los lugares del circuito donde más incidentes suelen ocurrir, frenar (comprometer) la primera curva propiciará una mejor aceleración y tracción de salida que nos preparará para la presumiblemente recta larga que seguirá a la chicane. Este el punto del circuito donde los pilotos noveles suelen perder bastante del tiempo y el lugar donde más hincapié habría que hacer en los entrenos.

NUESTRO OBJETIVO ES MANTENER EL VOLANTE LO MÁS RECTO POSIBLE DURANTE LA MAYOR CANTIDAD DE TIEMPO

Como se suele decir en el mundo de las carreras, el secreto del éxito consiste en mantener el volante lo más recto posible durante la mayor cantidad de tiempo. De esta manera, se logrará el equilibrio necesario para que el conjunto del vehículo (par del motor, aerodinámica y neumáticos) despliegue toda la tracción disponible y de esa manera acelerar a fondo sin sufrir demasiados sobresaltos con el coche.

Señalizaciones en carrera

Lo primero que aprende un piloto novel cuando se lanza al circuito es que las carreras, independientemente de su duración, suelen estar repletas de incidentes. Algunos de ellos estarán propiciados por él mismo, algunos irán ocurriendo a su alrededor y otros -con suerte- sucederán en partes del circuito tan alejadas de su posición que no será consciente de ellos hasta que su vehículo los alcance.

Dada la velocidad que llevamos en el circuito, se hace necesario que antes de toparnos con los problemas, un conjunto de señales acústicas y visuales nos avisen de esos peligros inesperados. Además de las órdenes que pueda darnos el Spotter (nuestro enlace en Boxes y la persona que tiene la información global del circuito), muchos simuladores actuales ya cuentan con herramientas de situación e ingenieros de pista virtuales con frases pre-grabadas cuando detectan cierta situación ocurrida en pista. Sin embargo, pese a toda esa información acústica disponible, dentro de la pista todo va demasiado deprisa y está demostrado que el piloto necesita una ayuda más evidente. Para solucionarlo, ya desde los comienzos de la competición se ha venido utilizando un código de banderas basado en los colores. Es responsabilidad del piloto conocer perfectamente estos códigos, no solo para su propia seguridad, sino también para la seguridad del resto de la parrilla, del personal que trabaja a pie de pista y en general, para la dinámica de la carrera.

Bandera verde

Inicia o reinicia la sesión. También se puede mostrar al final de una zona de precaución para avisar que los peligros han desaparecido, o posterior a una bandera amarilla, para indicar que puedes retomar la velocidad normal de carrera. De manera casi universal, una bandera verde suele indicar que se ser puede competir con normalidad.

Bandera amarilla

Situación de precaución. Además de avisar del peligro, le indica al piloto que mientras duren estas condiciones, está prohibido adelantar. Se emplea durante las vueltas de calentamiento, cuando un vehículo está parado en pista, ha sufrido una colisión o se encuentra en una situación que pone en peligro al resto de vehículos. Sería el equivalente a una penalización 'slow down' sin poder adelantar. Por regla general, una bandera amarilla ondeando en alguna parte del circuito significa que un vehículo se encuentra en problemas, y puede estar en una posición potencialmente peligrosa para todos los demás coches. Actúa con precaución, reduce la velocidad y ve pendiente siempre de posibles objetos en la trazada. Trata también de mantener la concentración. Cualquier incidente que se produce en carrera afectará a tu ritmo y podría generar un fallo inesperado producto de la falta de experiencia. Una bandera verde señalará la vuelta a la normalidad.

Bandera negra

Es un caso excepcional que le indica al piloto que no continúe con la acción que está realizando en ese momento. Puede ser penalizado dependiendo de los metros o del tiempo que haya durado la infracción cometida. Un ejemplo bastante común es no haber respetado las líneas de incorporación a pista saliendo desde boxes tras una parada (penalizado con un stop and go). Mantenerse en pista haciendo caso omiso a una orden de bandera negra penaliza al piloto con la expulsión definitiva de la carrera.

Bandera azul

Se utiliza por la FIA (Federación Internacional de Automovilismo) y significa que estás siendo doblado por otro participante. En iRacing se utiliza la variante con franja amarilla. Tu obligación es la dejarle pasar lo antes posible y facilitar el adelantamiento a tu compañero. Lo más recomendable es mantener la trazada y no realizar ningún movimiento extraño que pueda comprometer la seguridad de ambos. La bandera azul (o azul con franja amarilla) empleada en la NASCAR es una sugerencia no obligatoria. ¿?¿?. En otros capítulos posteriores nos detendremos a estudiar ambas situaciones, tanto el dejarse pasar sin perder demasiado ritmo como la manera de afrontar un adelantamiento limpio si eres tú quien va detrás.

Bandera amarilla con franjas

Significa peligro porque la superficie de la pista está
comprometida (aceite derramado, líquidos producto
de un escape, suciedad, piezas del coche desprendidas
o cualquier otra sustancia u objeto externo que
dificulte las trazadas). Actualmente en desuso dentro
de iRacing, desconocemos también si tiene vigencia
en otros simuladores.

Bandera blanca

Se despliega cuando queda una vuelta para finalizar la carrera al pasar por meta. Toda el resultado de la sesión -y de tu trabajo acumulado en las vueltas anteriores- dependerá de tu pericia y experiencia para superar este último giro. Una bandera blanca es sinónimo de nervios, movimientos defensivos y adelantamientos arriesgados que unidos al cansancio acumulado y al estado del vehículo (posibles daños producto de algún toque anterior sumado a unos neumáticos muy gastados) podrían dar al traste con todo tu esfuerzo y el de los demás pilotos.

Bandera roja

Peligro extremo que no puede ser solucionado mientras los coches permanezcan rodando por la pista. La carrera o la sesión ha sido detenida y todos los coches deberán acudir al box con precaución, esperando allí hasta que se reanude la sesión una vez el circuito haya regresado a la normalidad.

Bandera negra con un circulo naranja

Indica que tu vehículo tiene un fallo mecánico lo suficientemente grave como para volver al box urgentemente. Tienes un límite de vueltas para abandonar la pista antes de recibir la descalificación (bandera negra).

Bandera a cuadros

La sesión o carrera ha terminado. Deberás entrar en el pit lane la próxima vez que tu vehículo pase por la entrada.

LAS BANDERAS NOS INFORMAN DE LAS
DISTINTAS SITUACIONES DE CARRERA
Y ES IMPORTANTE PRESTAR ATENCIÓN
A CADA UNA DE ELLAS YA QUE
SIEMPRE NOS AFECTAN
DIRECTAMENTE

Presta siempre mucha atención a todas las banderas que ondean en el circuito y aprende de la experiencia. No serías el primero en pasar por alto una bandera blanca y pensar que la carrera ha acabado cuando aún queda el último giro o al revés, no defender tu posición pensando que tienes aún giros por delante. Todos conocemos ejemplos de adelantamientos o pérdidas de posición en cambios de bandera amarilla a verde e incluso descalificaciones o sanciones por no haber estado pendientes de las señales.

La zona

Imagina por un segundo esta situación: entras en curva a más de ciento cincuenta por hora, paralelo a un contrincante mientras frenas en apoyo haciendo trail braking, punta tacón, reduciendo de marcha y girando el volante en el momento exacto para clavar el apex, todo ello pendiente de que el otro no te embista sin querer. La multitarea es la constante en la vida de un piloto de competición. Y aunque pensemos que somos nosotros, de manera consciente, quienes realizamos todas esas acciones a un ritmo perfecto, en realidad será nuestro inconsciente y los procesos neuronales basados en la memoria de los entrenos quienes estén a cargo de nuestro pilotaje. Sencillamente, una vez salimos a pista, nos encontraremos con demasiadas operaciones sucediendo a la vez en apenas unas centésimas de segundo. Confiar en que seremos capaces de ejecutarlas sin más, supone el primer error del piloto novel.

Por tanto, dependerás casi exclusivamente de la programación de tu inconsciente para el pilotaje. Tus decisiones mecánicas -esas que algunos llaman "instinto"- se basarán en una pre-programación a base de la experiencia acumulada en situaciones similares vividas con anterioridad y al conocimiento derivado de haber solventado, con éxito o no, dichas situaciones. El inconsciente de un piloto puede inferir hacia donde trompeara el coche que lleva delante porque ha visto más coches trompear en la misma situación y de manera inconsciente sabrá -o intuirá- que dada una velocidad y una trayectoria determinada, ese vehículo que lleva adelante va a obstaculizar su trazada o no.

Aunque te resulte increíble como piloto novel, muchas de las reacciones casi instantáneas que vemos en la alta competición son consecuencia directa de esa consciencia cognitiva ganada por los entrenos y la experiencia, un saber alternativo difícil de explicar que podría resumirse como una segunda naturaleza adquirida mediante horas y horas de práctica.

A muchos de nosotros nos gusta llamarlo "La zona". ¿Alguna vez te has montado en tu coche al salir del trabajo o de la universidad y al llegar a casa no recuerdas haber conducido de vuelta? Tienes el camino interiorizado porque has recorrido esa pista cientos de veces. Cada curva, cada semáforo, cada ceda el paso. Mientras tú te dedicabas a repasar la lista de la compra, tu inconsciente habrá tomado el control del vehículo y -con suerte- te habrá llevado a casa con todos los puntos del carnet intactos y sin ningún percance destacable sin haberte pedido opinión.

La zona hace referencia a ese espacio mental en el cual el piloto deja de actuar en plena consciencia y parece poner su mente en blanco -a veces sin buscarlo-, dejando que todo lo adquirido, todo lo entrenado, se plasme en su mejor pilotaje. No hay consecuencias, ni futuro ni pasado. En el deporte de alto nivel se dice que este será el estado mental óptimo para competición y todo entrenamiento busca este fin. Por desgracia, pocas veces sucede.

El mismo Ayrton Senna, uno de los pilotos más aclamados de la historia del automovilismo mundial, lo relató a la perfección tras una de sus carreras. Senna pilotaba por el trazado sinuoso de Mónaco en 1988 conduciendo el Mclaren casi de manera mecánica y sacando una ventaja anormalmente alta a sus rivales. Las vueltas rápidas se sucedían una tras otra hasta que de pronto, colisionó contra un guardarrail justo antes de la entrada del túnel tras la Nouvelle Chicane. Más tarde en rueda de prensa, Senna explicó que antes del golpe pilotaba como si lo estuviera haciendo con Dios, aduciendo precisamente a ese estado mental de meditación y concentración máxima en donde la consciencia no tiene ningún valor y las acciones y decisiones de nuestro pilotaje responden a una mecánica adquirida por la experiencia.

Aquel sábado de clasificación de 1988, Senna definía con estas palabras el estado de trance en el que había entrado durante gran parte de la carrera:

"De repente -dijo-, me di cuenta de que estaba rodando demasiado rápido, no había el menor margen en absoluto. Cuando tuve esa sensación, levanté inmediatamente el pie. Me sentí en un nivel diferente. El circuito dejó de ser un circuito para ser un túnel de Armco (las barreras de protección) y en ese instante me dije: no vuelvas a salir, eres vulnerable..."

Según cuentan quienes le conocían, ese error a la entrada del túnel le marcó profundamente y Senna aprendió a controlar de alguna manera aquella maravillosa habilidad que él mezclaba con el misticismo y la religiosidad pero que en realidad respondía a una mezcla de trabajo durísimo durante la preparación de la carrera, su experiencia de años en pista y esa intuición natural que tienen algunos pilotos de saber dónde y cómo poner el coche para pasar por curva unas centésimas más rápido que sus compañeros.

VACÍA LA MENTE DE PENSAMIENTOS Y DEJA QUE TODO TU ENTRENAMIENTO SE REFLEJE EN PISTA

Queda muy lejos de este libro enseñar al piloto novel a pilotar mediante su inconsciente, pero sí que es importante hacer hincapié en la relación directa que existe entre las horas de entrenamientos y el resultado de tu pilotaje. Cuando te sepas el circuito de memoria, cuando hayas corrido cientos de vueltas por trazadas diferentes y habértelas visto allí con cientos de contrincantes, tarde o temprano acabarás entrando en la misma zona que entró Senna aquel Mónaco de 1988 y quién sabe, incluso ganar la carrera.

En los gráficos

La telemetría, una aliada

Definir la telemetría es bien sencillo, ya que no se trata de más ni menos que la medición de datos físicos a distancia. En el caso del automovilismo, conseguimos todas las mediciones necesarias de un coche a través de sensores que mandan sus datos en tiempo real a los ordenadores en los que son interpretados por los ingenieros o mecánicos.

La telemetría esta muy presente en las competiciones del motor, es bien sabido que quizá a cierto nivel empieza a tomar un protagonismo excesivo, cuanta más especialización y eficiencia mecánica o aerodinámica se busca sobre un vehículo. Pero no sólo buscando reglajes y mejoras tiene su valor, ya que de primeras es una herramienta muy valiosa para identificar fallos en la conducción.

De forma introductoria diremos que mediante telemetría se pueden identificar todos los vicios y malos hábitos de un piloto para conseguir convertirlo en una versión mejorada de si mismo. Desde un exceso de giro y sobreviraje, una velocidad de entrada en curva excesiva, una frenada desmesurada o una trazada inadecuada.

Son errores que repetidos uno tras otro, una y otra vez y afianzados en la conducta del piloto se convierten en costumbres muy difíciles de eliminar.

Como concepto básico y fácilmente visible en las telemetrías de los pilotos novatos tenemos las llamadas convergencias o solapamientos: o cuando el piloto presiona simultáneamente ambos pedales por distracción, falta de concentración o cualquier otra causa que no tenga un propósito definido. La convergencia freno acelerador es uno de los más básicos errores y más dañinos en los tiempos y en el rendimiento de un vehículo.

En el apartado de simulación, acostumbrados o seducidos por los formula, la mayoría de simracers tienden a habituarse a una configuración de freno con el pie izquierdo, tal como hacen prácticamente la totalidad de pilotos profesionales de formula. Si bien el acercamiento es válido, la forma de efectuarlo es la que nos suele lastrar.

Los pilotos profesionales usan su pie izquierdo conjuntamente con el derecho para conseguir balancear el coche una vez se acerca al vértice de la curva. Mediante el juego de acelerador y freno se puede llegar a provocar artificialmente sobreviraje o subviraje según convenga al piloto para compensar otros excesos o carencias del vehículo. Todo esto ayuda a conseguir trazar la curva a mayor velocidad. Estos son comportamientos buscados, muy diferentes a lo que un piloto novato realiza sin ser plenamente consciente de ello. En la siguiente imagen tenemos una vieja comparativa entre Schumacher y Barrichello, en la que Schumacher usa ambos pies de forma óptima mientras que Rubens lo hace sin convergencias pero también consiguiendo un rendimiento menor por curva que el de Michael.

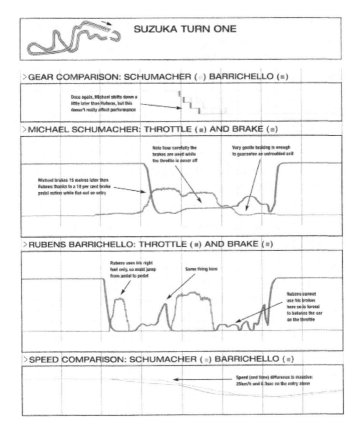

El solapamiento de ambos pedales pisados sucede curva tras curva, no llegamos a frenar plenamente (o con la intensidad deseada) porque pisamos el acelerador, y tampoco llegamos a acelerar con plenitud puesto que no levantamos completamente el pedal del freno, por lo que incurrimos en una doble penalización en cada vértice. Naturalmente, depende del piloto la intensidad con la que esa convergencia se da, igual que depende del piloto la habilidad para corregirlo y que sea sino nulo, al menos conveniente para acelerar el paso por curva.

Uno de los síntomas más claros de convergencia es el mayor consumo de combustible. Tanto en formulas como en turismos, un acelerador presionado en frenada implica un gasto extra de gasolina que sobre todo en carreras de resistencia penaliza de forma acusada al piloto y al equipo. Notaremos que algunos pilotos yendo en nuestra misma configuración son capaces de detenerse una o dos vueltas después, además siendo más rápidos que nosotros.

Como se puede adivinar por este ejemplo, la telemetría es muy útil y nos ayuda a identificar multitud de errores de este tipo, aunque su dominio no es para nada trivial ni fácil de entender y requiere de meses o años de experiencia.

La mejor manera de empezar a empaparse del tema es comenzar con las herramientas que los simuladores ponen a nuestra disposición. VRS para iRacing permite la captura y el análisis automático de nuestras sesiones a la vez que permite el estudio online de nuestra telemetría, una magnifica herramienta. También en iRacing podemos capturar la telemetría con la asignación de una tecla para luego usar varios programas externos en que analizarla. También en rFactor o Assetto Corsa disponen de forma más o menos sencilla de esta extracción de datos. Una vez tengamos los archivos es hora de buscar herramientas como Motec o ATLAS que nos permitan crearnos nuestros proyectos en los que hallar los datos que buscamos.

ENTENDER LA TELEMETRÍA, AÚN SIENDO DE FORMA BÁSICA, SUPONE UN GRAN AVANCE EN EL DESARROLLO DE CUALQUIER PILOTO

Como ya he comentado, son conceptos que forman parte de la parte avanzada de la simulación o del mismo automovilismo y no los trataré en este libro, aunque con esos primeros nombres es fácil encontrar mucha más información en inglés al respecto y entender algunos de estos conceptos básicos.

El setup no es importante

Es una situación que se repite a menudo. Curiosamente en la gente recién llegada o más novata con más asiduidad. Cuando uno recién aterriza en un entorno nuevo de simulación, tiene sobreentendido que existen o van a existir diferencias entre lo que el entendía por carreras y pilotaje y lo que ya hay. Los recién llegados creen que son rápidos y que conducen bien, por la sencilla razón de que... ¿quién no piensa que conduce bien?

Darse de bruces contra un muro tan duro como la diferencia real entre pilotaje y conducción de diario provoca en más de uno una fase de negación que puede prolongarse durante muchas semanas y meses. He conocido simracers que años después de seguir formando parte de la parrilla siguen aduciendo que muchos de sus compañeros son más rápidos que ellos debido a los trucos, por no decir trampas que mejoran y personalizan sus condiciones en pista. Actualmente tenemos la fortuna de prácticamente no tener que pensar en que alguien usa ese tipo de artimañas ya que existen bastantes ojos vigilando y el software de protección de procesos hace bastante bien su labor, y sin embargo hay muchos que siguen echando la culpa a elementos mágicos con tal de no hacer la más mínima auto critica a su pilotaje.

Una vez pasado este primer shock en el que la negación se ha convertido en un inseparable compañero llega la relativa calma en que un simracer empieza a comprender que su papel esta muy lejos de luchar por la victoria a las primeras de cambio. Ha de asumir que sus conocimientos del coche, de la categoría, de las reacciones y de las trazadas son muy limitados y que puede que ademas mecánicamente este hasta limitado. Es en este punto cuando se da el hecho curioso de que siguiendo la lógica cercana a la negación creemos que hallando ese grial llamado setup o configuración puede ayudar a solucionar absolutamente todos nuestros problema. El resultado puede ser tan o más frustrante que no disponer de él. Comprobemos porque.

El setup no es ni más ni menos que una configuración específica del coche que pilotamos adaptada a la pista en que corremos, y adaptada al piloto para el que ha sido diseñado. Como veis suele ser bastante especifico ya que implica un grado de personalización bastante grande. Cada simracer es un mundo y conduce de una forma completamente diferente. Algunos gustan de girar más el volante, otros de llevar un coche sobrevirador muy nervioso, otros de deslizar en determinado momento, otros de clavar frenos en determinadas rectas, etc. Un setup no resuelve nada de eso, y sin embargo nos pone en la piel de otro cuando nuestro estilo no concuerda, lo que puede desembocar en una frustración incluso mayor. ¿Qué podemos hacer ahora?

Para los que aún no entienden la función del setup, lo voy a dejar claro. El setup es el último recurso al pilotaje y se usa exclusivamente cuando tenemos un conocimiento excelso de la pista, del coche y sobre todo de las trazadas. Cuando nuestros tiempos estén dentro de los últimos uno o dos segundos al líder se sesión, y de verdad creamos que hemos hecho todo lo posible por mejorar y sacarle el jugo a la configuración por defecto, es entonces el momento de empezar a jugar con las diferentes posibilidades mecánicas que ofrece la serie o el coche.

SI NO ESTAS LO SUFICIENTEMENTE CERCA PARA SABER QUE NECESITAS UN SETUP, ES QUE AÚN NO LO NECESITAS

Buscar un setup sin haber exprimido al máximo las herramientas de base no servirá para nada y pondrá en evidencia nuestra ignorancia sobre lo que estamos haciendo. No nos ayudará ni será beneficioso y nos despistará sobre lo que de verdad tiene que ser importante para nosotros en este momento del aprendizaje, que es perfeccionar y comprender al máximo como pilotar por la trazada.

Sólo son números

Ahora que muchos simuladores están empezando a implementar y dar buen uso a los sistemas de tanteo o clasificación de pilotos es muy importante diferenciar en que momento esto es bueno y en que momento puede dejar de serlo.

La actitud con respecto a los sistemas de puntuación es en ocasiones errónea. Por varias razones ademas, ya que dependiendo en la escala en que nos movamos siempre tendemos a usarlo de manera incorrecta. El sistema de puntuación no es algo que funcione a corto plazo, si no que es algo que marca nuestra evolución como pilotos, y eso es un proceso que puede llevar mucho tiempo.

En los simuladores que he usado hasta el momento, el sistema de puntuación no indica nada más que una referencia. Para algunos pilotos si puede ser un marcador de su nivel actual real, mientras que para otros sólo se trata de una estación de paso, hacia arriba o hacia abajo.

Muchos de los usuarios recién llegados se entusiasman de tal manera con el número que intentan subirlo en largas sesiones de carreras en las que su evolución como pilotos es nula. La consecuencia de ello es que, tras muchas horas de juego, el número se estanca en un valor determinado. Este estancamiento puede ser en unas pocas horas, días o meses, depende de la persona que inició su carrera para conseguirlo y depende de su aprendizaje personal y su auto crítica. Lo normal es que pasado un tiempo, ese número vaya reflejando con mayor fidelidad lo que hacemos en pista y nuestras aspiraciones reales. A veces tendremos malos días, y a veces tendremos buenos, pero el rango del sistema de puntuación reflejará en donde estamos y contra quien podemos competir.

Los simuladores actuales se encargan de definir estos sistemas de puntuaciones para crear las sesiones de carrera mas compensadas y conseguir que haya retos para todos los implicados. Todos de salida vamos a tener rivales con los que batirnos, ya sea en el frente de carrera, a mitad de pelotón, o simplemente por tener una constancia que nos lleve hasta el final.

Conforme seamos consistentes y controlemos un vehículo iremos adquiriendo un número cada vez más alto, en una serie en la que seamos menos propensos a errores, tanto nuestros como evitando los de los demás. Al ser la cifra del sistema de puntuación única y tan trabajada es posible que sintamos un cierto apego a ella, y al trabajo que nos ha costado. Este es uno de los errores más frecuentes y que muchas veces nos imposibilita seguir disfrutando de la simulación cuando hemos *conseguido* alguna de nuestras metas.

Desprendernos de esa limitación y de ese miedo a volver a caer a un nivel donde en realidad pertenecemos es uno de los problemas más comunes a los que se enfrentan los simracers. Ocurre multitud de veces donde alguien con mucho talento empieza a aburrirse del simracing por estar enfrentado siempre a la misma rutina, incluso cuando esa rutina signifique un camino de éxitos, ya que los éxitos sin esfuerzo tampoco significan nada. Armarse de valor, empezar de cero y aprender a superar un nuevo desafío es algo a lo que constantemente nos cerramos, cuando es una de las cosas, que una vez aprendidas o superadas provoca más satisfacción.

NO DEJES QUE UN NÚMERO CONDICIONE TÚ DIVERSIÓN

Saltar de una serie a otra cada cierto tiempo y dedicarse de lleno a superar nuevos retos, con nuevos rivales y nuevos desafíos es una de las cosas que no debemos evitar, ya que nos permitirá regresar al momento en que empezamos en esto, sólo que con mucha más experiencia para caminar rápidamente por un camino que ya conocemos y del que disfrutamos casi siempre en cualquier circunstancia.

Cambio

El cambio manual era una opción extraña a demasiada gente hasta la introducción de los últimos simcades en consolas, hace relativamente poco. De los primeros tiempos de Gran Turismo podemos recordar fácilmente hacer todas las carreras, series y licencias sin tener que activar jamás el cambio manual, lo cual ahora parece de lo más descabellado. El cambio automático de marchas era y es mucho menos eficiente y ágil que el cambio manual una vez nos hemos acostumbrado a este.

Como en la realidad, requiere conocer y practicar un poco con el vehículo para encontrar las velocidades y relaciones de marcha adecuadas para cada tramo o velocidad. Una vez nos hayamos hecho a realizar el cambio, sea con levas, secuencial o en H es imposible que volvamos atrás, ya que la eficiencia en tiempos se notará desde el primer momento y la satisfacción al realizarlo correctamente nos recompensará. Lo asumiremos como una segunda naturaleza.

Los simuladores al igual que sus contrapartidas reales difieren en cada modelo, y en cada configuración, de las revoluciones adecuadas en que el cambio de marcha se hace 100% efectivo. Por si fuera poco cada vehículo, dependiendo del tipo de caja de cambios que tenga necesita un procedimiento diferente para realizar el cambio. Algunos necesitan obligatoriamente el uso del embrague, mientras que otros pueden prescindir de ello sin problemas. En otros es necesario dar un golpe de gas o blip para mejorar la eficiencia de la entrada de la marcha, en otros se produce todo electronicamente.

Mientras los coches más sofisticados tienen señales visuales para indicarnos que estamos en las revoluciones adecuadas para realizar un cambio, muchos de ellos sólo cuentan con el tacómetro y nuestro oído para poder calcular y efectuar el cambio. Nótese que con la practica llegaremos al punto en que solamente con el oído debemos ser capaces de apreciar cuando el motor pide ese cambio justo antes de llegar a sus máximas revoluciones.

Dependiendo del vehículo, el margen de revoluciones para el cambio puede estar más cerca del corte de la marcha o un poco más alejado del final. Algunos vehículos también suben más alegremente en marchas largas que otros por lo que requerirá un tipo de procedimiento ligeramente diferente en nuestro acercamiento al cambio óptimo en cada uno de ellos.

Como introducción al siguiente capitulo hay que señalar que todos los cambios de marcha han de realizarse de la manera más suave y delicada posible. Esto es importante sobre todo en las reducciones, cuando intentamos apoyarnos en el freno motor para reducir nuestra velocidad en el menor espacio de pista posible.

Las reducciones descompasadas y bruscas son una de las averías más comunes sufridas por los pilotos en carrera, sobre todo en los vehículos que no incluyen una avanzada protección de motor en el descenso de marchas, por lo que debemos intentar espaciarlas todo lo posible. Hoy en día, cada vez es más común que esta protección venga en algunos modelos avanzados, ya que de esta forma el fabricante o el equipo protege su material frente a un posible fallo de pilotaje.

Cuando bajamos una marcha las revoluciones suben provocando un estrés en el motor y la subida de temperatura de otros elementos mecánicos. Si nos vemos obligados a bajar de, por ejemplo, quinta a segunda en un espacio de 25 metros implica que debemos forzar al motor en una situación de estrés importante. En muchas ocasiones el cambio repentino o la introducción de una marcha inferior antes del momento adecuado puede hacer que el motor reviente por un exceso de revoluciones al pasar a una marcha en la que este exceso no puede ser gestionado.

La forma correcta de hacerlo es frenar todo lo necesario antes de hacer el primer cambio reductor, y así con cada uno de las siguientes reducciones. Hay que intentar evitar apoyarse en la posibilidad del freno motor para no dañar, sobre revolucionar, o estresar la caja de cambios y el motor.

En el ejemplo que poníamos, primero, nuestra área de frenado se realiza en una linea recta, y siendo conscientes de que debemos reducir tres marchas, hemos de frenar lo suficientemente antes como para que las marchas puedan entrar en su rango de revoluciones esperado. Frenar lo suficiente para que la cuarta entre sin sobre revolucionar, y así de la misma forma la tercera y la segunda.

APRENDE A FRENAR COMPLETAMENTE CON EL PEDAL SIN AYUDARTE CON LAS LEVAS

Si no somos capaces de realizar esa reducción en la distancia que estemos afrontando quiere decir que posiblemente estemos frenando más cerca de lo que debemos, por lo que es aconsejable replantearse si la zona de frenado y nuestras referencias para ese curva son las adecuadas, teniendo que modificar la trazada en caso que ello sea necesario.

Suavidad como el primer paso

Como veníamos diciendo en el último capitulo, suavidad en el cambio para no maltratar y sufrir los achaques del motor, pero este concepto de suavidad se extiende en realidad a todo acto de pilotaje.

Normalmente los pilotos novatos tienden a querer frenar más tarde, girar más, reaccionar de forma más brusca con la única intención de parecer rápidos. Digo parecer porque no es lo mismo que ser. A esto se le llama sobreconducción y es uno de los errores básicos y que todo el mundo comete en mayor o menor medida a lo largo de su trayectoria.

Vamos al punto básico, al principio de los principios. Cuando pensamos en un coche, en cualquier cosa con ruedas, debemos darnos cuenta que nuestro único vínculo con el suelo son precisamente los neumáticos. Toda nuestra potencia, nuestras reacciones, nuestra aerodinámica, nuestra conducción, se transmite al asfalto por el que debemos transcurrir a través de los neumáticos. A su vez a través de los neumáticos. nos llega toda la respuesta del asfalto y del circuito y también gran parte de la respuesta del vehículo a nuestras interacciones, como por ejemplo las suspensiones o la tracción.

Cuando hablamos de pilotaje, debemos de entender que estamos intentando maniobrar máquinas que en el menor caso nos superan 7 veces en peso, por lo que cualquier movimiento implica una transferencia de pesos que se multiplica y se desarrolla de forma exponencial. A veces se nos olvidan estas condiciones, y más cuando tratamos un simulador, que las físicas tratan de replicar la realidad, y que en la realidad sabemos que las reacciones instantáneas no existen. Debemos comprender, aunque sea por sentido común, las inercias y la tendencia de la masa a seguir una trayectoria y a permanecer a la misma velocidad si no media una resistencia. Esto quiere decir que toda nuestra interacción con el vehículo provoca una reacción en el, de manera que el peso del coche se transfiere de una parte a otra sólo minimizado por la configuración de las suspensiones, amortiguadores, el rozamiento, etc... y nuestras maniobras.

Para hacer esto de la forma más previsible, y poder conducir sin sustos es necesario que toda interacción con el vehículo se realice de la forma más suave y progresiva posible. Sin giros bruscos, sin pisotones en el pedal, sin cambios repentinos de dirección. Todas esas acciones introducen una transferencia de pesos repentina, desestabilizando el vehículo y anulando completamente la tracción de los neumáticos con el suelo.

Cuando preguntan a los pilotos sobre como conducen, muchos de ellos te responderán algo parecido a esto:

"como si fueras a la compra, como si llevaras a tu familia los domingos".

No son afirmaciones falsas. Cuando hablamos de finura al volante, de ir de verdad rápido, una aparente lentitud y calma se apodera de todas las reacciones al mando del vehículo permitiéndonos ir y trazar de forma concisa, sin la necesidad de apurar y sin tener que *subirnos por las paredes*. En ese panorama es cuando los neumáticos trabajan dentro de su límite de tracción pudiendo ser exprimidos de mejor forma por el piloto. A veces es necesario pensar que llevamos un par de vasos de agua al lado y que conducimos con la firme intención de no derramarlos.

EL EQUILIBRIO SE LOGRA A TRAVÉS DE LOS MOVIMIENTOS SUAVES Y PROGRESIVOS

Ejemplos reales de pilotos conocidos por su finura y de los que se recomienda siempre disfrutar sus tomas onboard: Stirling Moss, Nelson Piquet, Alain Prost, Jenson Button, Fernando Alonso, Jacky Stewart, etc.

La salida de la curva

La trazada es importante, pero para decidir como viene predefinida o en qué basarse hay que recurrir a analizar dónde ganamos velocidad, dónde frenamos y aceleramos para que al llegar a la siguiente curva estemos en la máxima velocidad posible en igualdad de condiciones mecánicas con otro piloto.

Las curvas tienen un orden de importancia en el circuito que viene determinado por la longitud de la recta que tienen con posterioridad. Cuanto más larga sea la recta que sucede a una curva, más importante es esta, ya que el tiempo por vuelta depende en gran medida de la cantidad de tiempo que estemos pisando el pedal a fondo al encarar y recorrer todas estas *"entre curvas"*. Del inglés se recoge el eslogan básico que dice, *Slow in, fast out* y que viene a significar que la entrada lenta en la curva facilita una salida controlada y traccionada de la misma, ayudando a la aceleración y a la velocidad en la siguiente recta.

La salida de la curva, la prioridad y clasificación de las curvas en un circuito es parte importante de la maestría necesaria para marcar buenos tiempos en dicho circuito. Por ejemplo, en Spa, con dos grandes zonas en las que el pedal va muchos segundos pisado a fondo es necesario conseguir la mayor tracción y mejor salida en Eau Rouge y en Paul Frere. En Le Mans, para hacer una buena clasificación es absolutamente necesario clavar las salidas de todas y cada una de sus pocas curvas ya que preceden a larguísimas rectas. En Laguna Seca, la curva 6, en subida y tremendamente rápida es vital para conseguir un tiempo y también para tirar por la borda el resto de la vuelta.

¿Qué sucede cuando tenemos una sucesión de curvas, unas eses, o una chicane? Seguimos el mismo principio incluso si esto significa sacrificar alguna de las curvas precedentes. Nuestro pensamiento ha de estar en conseguir la máxima aceleración y tracción en la salida del tramo, y para ello hemos de realizar el pilotaje necesario para conseguir esa estabilidad necesaria y esa colocación que nos ponga en disposición de conseguirlo, incluso si ello conlleva contravenir la lógica de entrada en la primera de ellas o alejarnos de los vértices.

En general las chicanes suelen realizarse en una única linea de carrera posibilitando la linea más recta posible entre los dos vértices, pero en realidad hay pocos casos tan claros y tan sencillos como este. La última de Montreal es quizá uno de los pocos ejemplos en los circuitos grandes que casi permite una trazada lineal a través de la chicane, y con cierto cuidado ya que la salida tendera a escupirnos sin posibilidad de rectificación.

Son más usuales los conjuntos de diferente radio, o con cambios de desnivel. Imola, en la Variante Alta, es un ejemplo del primero en el que literalmente rodamos sobre el primer vértice para acomodar el vehículo en la salida más estable posible. La parada del bus en Spa por ejemplo es un caso claro de desnivel que además precisa de gran técnica para trazar ambas curvas de la forma más rápida posible sin sacrificar ninguna.

PRIORIZA EL ÚLTIMO VÉRTICE PARA CONSEGUIR UNA MAYOR VELOCIDAD EN RECTA

Sea como sea la curva o curvas que preceden a una gran recta, vamos a depender siempre de la configuración del vehículo y nuestra pericia con el pedal del acelerador. La progresividad en este punto es clave, ya que permite seguir acelerando o tener que soltar el pedal en caso de desequilibrar el vehículo. En el momento de salida de la curva, la tracción de los neumáticos y las fuerzas centrifugas tirando del coche hacia el exterior han de controlarse con la transferencia de los pesos en el vehículo, ya sea bien mediante acelerador o freno. Debemos proporcionar la mayor estabilidad y previsibilidad, llevando el coche de forma *aburrida* y sin arruinar nuestro agarre con la pista para poder así apuntar el morro hacia el exterior de la salida. De esta forma conseguiremos un tramo más prolongado de aceleración que nos proporcionará una mayor velocidad punta al final de la siguiente recta, lo que puede significar ganar una o varias posiciones contra nuestros rivales.

La trazada enlazada

Como decíamos anteriormente de las chicanes, a veces se reproducen en la pista varias curvas seguidas, a veces son solo chicanes o a veces son tres o incluso cuatro vértices consecutivos. ¿Donde frenar y acelerar en ellos? Cuando se juntan más de tres vértices lo usual es ir dividiendo cada sucesión de curvas en chicanes divididas. Es decir, ir planteando cada vez un problema más sencillo. Un 2+1 siempre es más fácil de gestionar que tres curvas consecutivas en las que no sabemos donde transitar.

Este tipo de trazadas no son usuales, pero se dan en alguna de las pistas más usadas a lo largo del mundo, como por ejemplo Silverstone, Suzuka, Zandvoort, Virginia o Mid-Ohio.

Si extendemos este concepto de trazada enlazada a la longitud completa de una vuelta podemos obtener una imagen global de lo que entendemos como una trazada óptima. En alguna ocasiones tendremos que sacrificar curvas que se encuentran alejadas de nuestro punto real de salida y en el que queremos obtener máxima aceleración.

Los pesos del vehículo definen hacia donde transcurren las inercias y por tanto la tracción disponible de los neumáticos y dependiendo del movimiento de dichos pesos y de la suspensión del vehículo y de cómo este configurada, la trazada puede variar enormemente.

Imaginemos por ejemplo que reducimos la altura de la parte delantera del vehículo con la intención de conseguir más velocidad en recta. Conseguimos derivado del cambio algo más de sobreviraje, por lo que el vehículo tiende a entrar más en curva, lo que implica que nuestra trazada buscando el vértice necesita que el punto de giro, y posiblemente la frenada, pueda prolongarse un poco más tarde de lo que estábamos acostumbrados. El punto de giro tiende a ser más tardío, dando lugar a que el apex también se desplace hacia atrás y dejando una salida menos compleja y rápida. Con ello conseguimos quedarnos en mejor posición para la siguiente curva y ganar unos metros que pueden ser vitales para la gestión de los pesos del vehículo de cara a la siguiente curva. Un pequeño cambio que puede afectar a una sección importante de la pista y que puede redefinir completamente el comportamiento del vehículo, y que se ha dado al cambiar apenas unos milímetros uno de los parámetros del vehículo.

En las series y competiciones de formación es normal que los vehículos al ser más lentos y tener más dependencia del momento, tengan una influencia importante del rebufo del coche precedente. Es vital aprender cómo nos afecta ese rebufo en nuestras trazadas y en nuestras decisiones en pista. Mucha gente no tiene en cuenta que al llegar con más velocidad a una frenada, esta se alarga considerablemente en la distancia, y esta diferencia puede no ser tenida en cuenta a la hora de ir detrás de un vehículo. Suele suceder que en el mejor de los casos, el piloto entre pasado en la curva y pierda el apex y unos valiosos segundos, o en el peor, que nos llevemos al rival que nos precede por delante. Mientras que en las rectas ganamos velocidad, en las curvas perdemos parte del apoyo aerodinámico y es normal que el coche tienda a irse lateralmente con más asiduidad que cuando pilotamos en solitario.

CADA VUELTA ES DIFERENTE A LA ANTERIOR. LA FLEXIBILIDAD SOBRE UN PLAN BASE ES CRUCIAL PARA EL ÉXITO

Lo que pretendo decir es que un piloto y su vehículo han de estar continuamente adaptándose a las nuevas condiciones de la pista, de la trazada, de los neumáticos y de los ajustes mecánicos que directa o indirectamente se vayan produciendo a lo largo de la carrera. Esa trazada enlazada que podemos tomar como una sola vuelta, sería en realidad toda la carrera o práctica, donde hemos ido adaptando nuestros ritmos a las distintas situaciones e imprevistos que se han ido sucediendo con el objetivo de alcanzar la mejor posición posible en ese caso.

En tu cabeza

Regularidad y constancia

La velocidad es importante, sin duda ¿pero lo es todo? No, desde luego que no. Nuestros primeros acercamientos a la verdadera competición, simulada o real serán primeramente sesiones cortas en las que tomaremos contacto con el vehículo y que trataran de introducirnos en el manejo y en la costumbre de los pesos del coche. También dependiendo de la pista donde estemos vamos a necesitar un periodo para marcarnos y acostumbrarnos a una posible trazada y linea óptima por la que circular. De primeras vamos a dedicar menos tiempo del necesario en nuestra impaciencia por la velocidad y vamos a querer fijarnos en donde están los mejores, cuan lejos estamos de ellos y porque tenemos esas abultadas diferencias.

Ser rápido es importante como hemos dicho, pero las carreras no sólo las ganan los rápidos. Ser un tipo que hace buenos tiempos a una vuelta puede sernos importante en determinados momentos, como la clasificación, pero no vale de nada si no somos capaces de conservar esa regularidad y ejecución para todo el resto de la prueba. En las categorías bajas es bastante usual encontrarse con gente que es capaz de marcar grandes tiempos de clasificación para comprobar pocos minutos después como se hunden a lo largo de la carrera o terminan fuera de ella mucho antes de lo previsto. La regularidad es un valor relativamente poco apreciado, no luce por ninguna parte y no resalta en los logros a corto plazo, pero aquellos que dominan ese arte pueden sentarse simplemente a ver el cadáver de su rival pasar.

Si soy novato y me dan a elegir entre marcar la pole y tener que correr al límite de mis habilidades durante la carrera o poder ir más lento a cambio de un poco más de control y confianza, lo tengo claro. Prefiero marcar inequívocamente una y otra vez un mismo tiempo, más lento, que me asegure que no voy a cometer fallos, que me va a permitir construir mi ritmo y coger confianza, y que prácticamente seguro me va a dar al menos un resultado digno.

La regularidad define la carrera. Solo aquellos que son constantes martilleando una y otra vez con tiempos similares (en el mismo medio segundo) y sin errores, son capaces de acumular confianza para su desarrollo como pilotos. Son los mismos que pueden permitirse apretar cuando un rival los persigue, de conservar cuando la situación es favorable o de cambiar de trazada si un adelantamiento lo requiere. Es la definición perfecta de adaptación, la mayor muestra de inteligencia. Si vamos al límite, por encima de él en realidad, no tendremos margen alguno de maniobra y estaremos continuamente en peligro de cometer errores que ya no podremos corregir.

LA CONSTANCIA ES UNA DE LAS CARACTERÍSTICAS QUE DIFERENCIAN A LOS GRANDES CAMPEONES DEL RESTO DE PILOTOS

Constancia en tiempos, regularidad en resultados, acumulando experiencia, buenas sensaciones y seguridad en nuestra conducción. Conforme vayamos conociendo el coche, la pista, las formas en las que el coche reacciona y cómo, todos esos elementos conjuntamente nos ayudaran a que nuestro límite sea cada vez más amplio. Un límite en el que podremos rodar rápido, en el que podremos pelear por las carreras sin tener que confiar todo a la suerte y sin tener que cerrar los ojos y apretar los dientes en cada tramo de asfalto y metro la de pista.

Eliminando distracciones

Cuanto más avanza la tecnología y más sencilla se hace nuestra vida usándola, más expuestos estamos a las distracciones. Es tremendo, si nos paramos a pensar, el número de distracciones que nos impiden enfocarnos en nuestras verdaderas intenciones a cada minuto del día. Los mensajes, las llamadas, las webs de información general, los teleoperadores, los vendedores, la publicidad intrusiva, los jefes, los compañeros, los amigos, la familia... Un sin fin de entretenimientos / molestias que acaban por sacarle a uno de sus casillas si esta buscando ese punto ideal de calma que siempre se necesita para iniciar o continuar cualquier proyecto.

Es normal que muchas personas memorables en la historia hayan tenido estancias en las que desarrollaban sus proyectos y que estaban aisladas de toda distracción. Garajes, casas de campo, trasteros, locales, áticos, buhardillas o simplemente la habitación más pequeña e inútil de la casa. A diferencia del automovilismo real, los simracers no tenemos la posibilidad de escapar del bullicio en un coche a 200 km/h y de apagar la radio como si fuéramos un Raikkonen de la vida, así que hay que buscar un equivalente, ya que el pilotaje, aunque sea virtual, va a requerir lo mejor de nosotros mismos. Y eso significa estar concentrados al 100% en la tarea en la que estamos inmersos.

Contrariamente a la corriente actual de jóvenes multitarea que simultanean streamings, dashboards, chats de voz e incluso texto mientras pilotan en grupo luchando por la victoria, soy de los que disfruta conduciendo en silencio, concentrado en mis rivales o en mi mismo, buscando cómo sacar provecho de la situación actual mientras expongo mi montura al menor riesgo posible. Al fin y al cabo es una manera de buscar la zona, ese espacio tan nuestro en el que el subconsciente funciona de manera autónoma y nuestros movimientos de pies y manos fluyen como algo externo a nuestra voluntad.

Para intentar entrar en este estado suelo prescindir de prácticamente la totalidad de herramientas que signifiquen interacción con otros compañeros o

124

rivales o que proporcionen un exceso de información. No necesito conocer absolutamente nada de nadie para realizar *mi* carrera, por lo que me limito únicamente a las herramientas gráficas que me proporcionan la información imprescindible para finalizar con seguridad el tipo de carrera en que me encuentro. Por ejemplo, si estoy en una carrera que no necesita repostajes, no necesito un software que me informe del consumo de combustible, tampoco necesito saber la ubicación gráfica de todos los coches en la pista, al igual que no necesito escuchar al vigésimo y vigésimo primero por el chat si su encontronazo ha terminado mal. Solamente me interesa lo que sucede a mi alrededor, y eso es lo único que debo vigilar y lo que me va a ayudar a gestionar las diversas situaciones de *mi* carrera, que al fin y al cabo puede ser muy distinta a la de los demás.

PARA RENDIR AL 100% EN UNA ACTIVIDAD, HEMOS DE CENTRARNOS COMPLETAMENTE EN ESA ÚNICA ACTIVIDAD

Ya sé que para muchos de nosotros es bastante difícil intentar abstraerse de la realidad y de la vida cotidiana en este estado de localización y acceso continuado, pero si lo sabemos hacer para el trabajo, también somos capaces de sacar nuestros minutos para disfrutar de una buena sesión de pilotaje, aunque sea de madrugada. Es una de las pocas formas en las que conseguir esa regularidad tan necesitada que nos va a permitir seguir progresando en cada uno de los diversos aspectos del aprendizaje del piloto.

Ganando confianza

No recuerdo ningún simracer (o piloto) de éxito que haya tenido un solo golpe de fortuna sin que haya venido precedido de un enorme esfuerzo y dedicación de su parte para que esto sucediera. Ya sabéis el dicho, 90% de trabajo y 10% de talento. En la vida real además es necesario un equipo completo de personal muy experimentado y cualificado, y un carácter especial para que la combinación dé los frutos esperados. Sin olvidar además las grandes cantidades de dinero y apoyo económico cuando nos referimos al automovilismo.

En la simulación uno puede prescindir de ese equipo de ingenieros, representantes, asesores, entrenadores, financieros y psicólogos, pero sigue estando expuesto a un entorno hostil, con gente experimentada que tiene miles de horas tras el volante y que realmente ha aprendido como ser rápido y constante como un reloj suizo. Son pilotos que no cometen errores, que son asertivos cuando lo tienen que ser, conservadores cuando deben e incluso agresivos cuando les conviene. Si crees que recién llegado vas a poder presentarte en las grandes series y ganarlos, estas muy (muy) equivocado.

No se trata esto de una monserga para desalentar a nadie, más bien se trata de presentar una realidad en la que el piloto ha de construirse a sí mismo, incluso si ya tiene experiencia en otras simulaciones o entornos similares, con respecto a este nuevo entorno competitivo. Todo cambio necesita de un tiempo de adaptación y este nuevo entorno no va a ser menos. Dependiendo de cada persona el tiempo de adaptación es mayor o menor, pero sigue existiendo y una de las mejores maneras de acortarlo es acumular confianza dentro de ese nuevo entorno.

La confianza viene precedida de buenas experiencias. En muchos casos estas buenas experiencias pueden deberse a actuaciones puntuales o situaciones temporales, pero lo que de verdad apuntala la confianza son los resultados. Y somos nosotros mismos los que sabemos a ciencia cierta cuando un resultado es extrapolable y tiene validez como experiencia y cuando es un cúmulo de casualidades en las que simplemente hemos estado *ahí*.

Los buenos resultados se siembran, primero a base de práctica, mejor dicho, de buena práctica. Vueltas y vueltas en las que sacamos conclusiones y lecciones y aprendemos sobre nosotros mismos, sobre el vehículo y sobre la pista. Con estas lecciones y con nuestro sentido común y lógica hemos de construir la posibilidad de un buen resultado, y tras este buen resultado otro. Marcarnos expectativas mensurables y reales para nuestro nivel que permitan crecer esa confianza, ese escalón desde el cual escalaremos al siguiente.

Poco a poco, superando y quemando etapas. Agotándolas siempre que sea posible para no dejar nada en el tintero y sin saltarnos muchos de los caminos que otros ya recorrieron antes que nosotros. Cometer los menos fallos posibles y aprender con todos ellos, al igual que de los éxitos para evolucionar y conocernos un poco más.

LA CONFIANZA SE CONSTRUYE A BASE DE REGULARIDAD, CONSTANCIA Y RESULTADOS

Cada curva, cada vuelta, cada carrera es una pequeña pieza de construcción en nuestra personalidad, en nuestro camino y en nuestra figura. Cuanto más sólidas y estables sean, más respetados y apreciados seremos, empezando por nuestro talento y confianza en nosotros mismos y en cómo afrontar los desafíos que se nos presentan en casa ocasión.

Manteniendo la tensión

Una carrera es un momento de nervios, de eso no queda ninguna duda. Ya incluso antes de la clasificación lo normal es que estemos nerviosos y dudando de nuestras capacidades ante lo que se avecina. El gusanillo y la emoción de poner en juego nuestra competitividad y de ser capaces de demostrar lo aprendido. Lo que de verdad importa es nuestro temple y frialdad para manejar todas estas dudas y nervios.

Es curioso que en nuestra sociedad actual, en mayor o medida podamos sentir el estrés y gestionarlo de forma más o menos natural (capearlo, asumirlo o resignarse) y sin embargo a la hora de hacer eso mismo en las carreras, no sepamos cómo manejar ese nerviosismo, ese revoltijo de emociones que nos atenazan y que nos hacen rendir por debajo de nuestro verdadero nivel.

Mantener la cabeza y el corazón fríos es una habilidad increíblemente valiosa para cualquier persona, y por supuesto también para un piloto. El aspecto mental es de tal importancia que llega a eclipsar al aspecto físico o técnico. Por supuesto esto tiene un largo recorrido que no trataremos en profundidad en este capítulo ya que nos ceñiremos en exclusiva al aspecto de la tensión en carrera y como controlarla.

El nerviosismo o el temor ante una futura situación de incertidumbre está totalmente justificado en el mundo de la velocidad. No es algo que tenga una duración definida, ni que dependa exclusivamente de nosotros. Todo puede terminar en cualquier momento por un fallo inesperado o por un rival que ni siquiera puede estar luchando con nosotros. Los imprevistos suceden y tenemos que estar centrados y preparados en la medida de lo posible para evitarlos o manejarlos.

Miedo sí, temor no. Ser conscientes de una situación de potencial peligro es justo lo que necesitamos para entrar en un estado de alerta y de reacción adecuada ya que sin está tensión, la relajación puede hacernos desconectar y cometer fallos debidos al mero estado de indolencia o apatía. La línea o límite entre la tensión apropiada y un exceso que nos petrifique y nos bloquee es muy delgado, tanto que en ocasiones andaremos sobre ese filo una y otra vez en continuo peligro de bloqueo mental. Y en ocasiones sucederá.

Algunos consejos útiles antes de ponerse al volante ayudan a que lleguemos al inicio de la clasificación en mejores condiciones que cuando no los seguimos; a saber, una comida frugal, ejercicio físico moderado unas horas antes, apagón de distracciones externas, calentamiento previo en condiciones similares a carrera y alguna respiración prolongada o técnica de meditación en busca de relajación. La visualización y algún pequeño ejercicio de coordinación también es aconsejable y sobretodo, la mentalización propia a través de un análisis tranquilo y sosegado de la situación.

Se trata de una simulación, sin consecuencias reales, que hacemos por diversión, en la que nuestro objetivo no solo debe ser ganar sino competir, que está lejos de las responsabilidades diarias que enfrentamos en el mundo real y en la que corremos contra rivales tan humanos como nosotros de los cuales muchos sufren muchas de nuestras preocupaciones y que compiten con menor preparación.

Nadie esta exento de cometer fallos en carrera, al fin y al cabo de trata de ir al límite y a veces es normal que sucedan incidentes. La cuestión es aprender de ellos, pensar únicamente en el presente, nunca más allá del siguiente par de vértices para dejar salir todo el talento o la preparación acumulada.

Normalmente la tensión se vuelve mas manejable cuando hemos pasado la primera vuelta y hemos salido indemnes de los problemas que siempre ocurren. Concentrémonos entonces en todo aquello que necesitamos hacer bien en la primera vuelta:

- La salida
- La primera curva

- Rodar en paralelo
- Evitar incidentes, salidas de pista o trompos
- Completar la primera vuelta con el coche intacto

Esos son los obstáculos que tenemos que salvar. Una vez completados con éxito, hemos de coger ritmo, nuestro ritmo y no el de otros, y correr de forma inteligente, acorde con nuestras expectativas y nuestro potencial y no realizando heroicidades ni cometiendo estupideces. Esto que parece una obviedad es increíblemente difícil ya que durante la carrera nos encontraremos con situaciones de estrés, ya sea aguantar a un rival, ir detrás de una pelea anterior que perjudica nuestro ritmo, o aumentar el ritmo para distanciarnos y evitar dar rebufo a un coche perseguidor.

Cuando cualquiera de estas situaciones termine, es normal sentir un bajón en nuestra concentración debido al momentáneo alivio de volver a la normalidad. Ese momento de relajación puede costarnos caro, así que lo mejor es marcarse un objetivo, cualquiera es válido, que nos permita volver a estar en los tiempos a los que deberíamos rodar.

LA TENSIÓN JUSTA FAVORECE LA
COMPETITIVIDAD Y AUMENTA LA
CONCENTRACIÓN

Como en todo, cada persona tiene un temperamento y es completamente diferente como cada uno encara este tipo de retos. Lo mejor es ir conociéndonos poco a poco, saber que hacemos bien y que hacemos mal y que nos funciona en cada caso para potenciar los puntos fuertes y solventar los errores lo antes posible.

Tener paciencia

Llega un momento en toda carrera, tanto la que disputamos como la que hacemos a lo largo de años, en que podemos quedarnos atascados, frustrados y bloqueados ante nuestra propia frustración. Nuestro instinto natural fuerza por salir de este estado de impase de la mejor manera que sabe, que no tiene porque ser la mas óptima ni la mejor decisión. A veces es simple precipitación la manera de afrontarlo combinada con una inusitada agresividad derivada de nuestra creencia en que hemos llegado al límite de lo que estamos dispuestos a soportar. Esto, naturalmente lleva a una sucesión de catástrofes que nos puede sumir en un circulo vicioso, del cual no somos capaces de salir y que mina nuestra confianza haciéndonos precipitarnos y retroalimentarlo cada vez más.

Si por algo nos podemos diferenciar con nuestros rivales es por la forma en que nos debemos de tomar una sucesión de hechos contradictorios, y es la enorme paciencia y frialdad con que vamos a afrontar cada una de estas metafóricas bofetadas. Cuanta más calma sepamos elaborar sobre cada uno de estos eventos, más elevaremos nuestras posibilidades de éxito a final de carrera. Este es uno de los aspectos donde nuestro legado cultural y los tópicos juegan en nuestra contra, ya que una mentalidad de análisis y con decisiones frías y meditadas es todo lo contrario a la pasión y la impulsividad que caracteriza a las culturas mediterráneas.

Es un dicho muy común que si un piloto quiere tener éxito, no debe nunca de recordar. Yo diría más, si un piloto quiere ser exitoso debe de carecer de sentimientos. A lo largo del tiempo nuestro perfil se ira completando con rivales, amigos, errores, éxitos, fracasos, decepciones y heroicidades. Cada vez que el semáforo o la bandera van a verde es tiempo de olvidar, de no recordar absolutamente a nada ni a nadie. No debemos recordar, no debemos de emocionarnos ni actuar siguiendo un sentimiento, sea el que sea. Tal como si fuéramos un robot, usando la lógica y la previsión del largo plazo, de la duración total de la carrera para dejar a nuestro subconsciente actuar y recordar únicamente que debemos de estar calmados, tener paciencia para actuar cuando sea necesario y no cuando nuestra furia, nuestros nervios o nuestra precipitación dicte.

MANTENER LA CALMA Y LA VISIÓN A LARGO PLAZO SOBRE NUESTROS OBJETIVOS ES VITAL

Sólo los que terminan pueden ganar. Sólo los que tienen el pulso firme llegado el momento de la verdad pueden triunfar. Solo los que son pacientes para esperar el momento pueden llegar a disponer de él.

Prioridades y expectativas

Conocer y saber nuestras limitaciones es uno de los pilares básicos para definir nuestros posibles objetivos. Salir a ver que pasa en una carrera no suele ser la mejor de las soluciones, primero porque nos provoca incertidumbre y segundo porque nos puede dejar insatisfechos si no tenemos claro que vamos buscando. Hay que ser lo suficientemente analíticos para saber que es lo que queremos y que es lo que esperamos de una carrera.

Depende de nuestros rivales, de nuestro pasado y de nuestra mentalidad actual marcarnos un objetivo realista en cada carrera. Si no tenemos referencias, siempre podemos fijarnos en los tiempos de la clasificación para saber qué lugar podemos ocupar en al final de la misma y a que puestos podemos aspirar. Muchas veces conviene marcarse objetivos humildes y moderados con los que recibir los regalos que la carrera nos depare.

Mantener nuestra posición o entrar en el top 5 pueden ser accesibles dependiendo de nuestro entorno. Si la cosa se complica es cuando terminar o hacer top 10 se puede considerar un éxito. Nuestras actuaciones previas también marcan las expectativas actuales y ayudan a acrecentar o minar nuestra confianza en el desarrollo de la prueba que estemos disputando.

Cuando viene una mala racha, a veces es preferible ser más conservador, simplemente por el hecho de necesitar algo medianamente positivo a lo que agarrarse. Igualmente si estamos en una buena racha positiva y nos sentimos animosos podemos arriesgar un poquito, siendo conscientes siempre que podemos perderlo todo, para alcanzar mejores recompensas.

TENER UN OBJETIVO CLARO Y MESURABLE AYUDA A FORTALECER LA MENTALIZACIÓN

Nosotros somos los que definimos nuestras metas, de hacerlas reales y de avanzar paso a paso, poco a poco hacia grandes momentos y objetivos. No intentamos bucear antes de nadar o correr antes de andar, disfrutemos el camino mientras lo andamos, con sus pequeñas victorias, sus momentos inolvidables y sus, porque no, pequeños sinsabores que también forman parte de la experiencia y del aprendizaje.

Asertividad

Agresividad es una palabra dura, que implica un uso de la violencia por una de las partes aunque también puede entenderse por una falta de respeto al otro. En el automovilismo, ya que no hay lucha física y generalmente el contacto se produce entre iguales, tiendo a relacionarlo más con lo segundo, un sencillo *quítate tu para ponerme yo* pero que abunda en las malas formas y rayando en la legalidad de lo que la misma competición sanciona.

La asertividad no ha de ser confundida con la agresividad y se trata más bien de nuestra firmeza, nuestra creencia y disposición hacia un desarrollo positivo de nuestras capacidades en una determinada acción. Sería algo así como optimismo informado y medido. Ser coherentes con nuestro desempeño sin desarrollar temor o miedo a ciertas situaciones. Como hemos dicho anteriormente, la mentalidad forma una parte muy importante del juego, y la asertividad es una actitud vital en ese juego mental. Respetar a nuestros rivales, pero empezar por respetar lo que sabemos y podemos hacer y creer firmemente en que vamos a lograrlo.

Cuando podemos atacar a un rival, adelantarlo de manera limpia y elegante, defender sin bloquear, mantener un ritmo rápido durante muchas vueltas para quitarnos a alguien de encima o conseguir cazar a alguien *"mejor"* que nosotros base de constancia y persistencia, son muchas veces cuestiones de simple enfoque. Tratamos de enfocar un optimismo coherente dentro de nuestras expectativas y circunstancias de carrera, y muchas veces funciona.

La agresividad sin embargo cae en otros términos, más asociados con el recurso fácil algunas veces, y con el último recurso en muchas otras. Cuando alguien pierde la paciencia, cuando no sabe como obrar en determinadas trazadas o cuando sencillamente ignora que hay otro rival a su lado, se pueden producir colisiones e incidentes y en un 99% de ocasiones, la responsabilidad recae siempre en el coche perseguidor, que es el que tiene una visión global de la situación y decide (o fuerza) cuando pasan las cosas.

OPTIMISMO Y CONFIANZA EN EL BAGAJE ACUMULADO

Olvidarse del pasado, pensar únicamente en el presente y afrontar de manera firme y sosegada el futuro cercano son formas de obtener el éxito a largo plazo, también en las competiciones del motor.

Preparación mental

No he dejado de insistir durante varios capítulos en la importancia de la mentalidad en el simracing ya que es el aspecto más importante para aumentar y mejorar el rendimiento. El automovilismo no es muy diferente, una vez que te subes al vehículo te conviertes en tu primer enemigo. Uno de los primeros objetivos será encontrar un equilibrio entre tus habilidades físicas y tu fortaleza mental, que es ilimitada.

A continuación describo algunos consejos que me han ayudado a mantener un estado mental ideal que me ha acercado y mimetizado de la forma más cómoda posible con el vehículo.

- **Cree en ti mismo**: Mientras te repitas a ti mismo: "¡Creo que puedo! ¡Sí que puedo! ¡Puedo lograrlo!" En gran parte te ayudará a entrar en un estado positivo para afrontar todas aquellas dificultades que se te crucen en el camino a tu objetivo. Buscar el lado positivo de las cosas te ayudará a que sean más llevaderas, pero por si acaso siempre es bueno tener un par más de trucos en mente.

- **Relajación**: Aprender a liberar la tensión, el estrés o la ansiedad es algo necesario en todo piloto pero que a veces no podemos controlar debido a la infinidad de situaciones o dificultades que se nos presentan cuando estamos en pista. Una posición correcta dentro del vehículo nos puede ayudar a mantener los hombros relajados, controlar la respiración y regular el flujo sanguíneo de nuestro cuerpo.

- **Visualización**: No hace mucho tiempo, la imaginación era una herramienta muy poderosa para la mayoría de los pilotos, formaba parte de su entrenamiento y se trataba sin duda del mejor simulador. Imaginándote en las condiciones más duras de carrera o de cualquier etapa, como una sección sinuosa, de mucho tráfico, o los últimos kilómetros antes del final de una carrera te ayudarán para estar es una mejores condiciones para superarlo.

- **Metas**: Establecer objetivos a corto plazo, como mantener un cierto ritmo hasta llegar a los primeros puesto te ayudará a coger confianza y dar lo máximo en cualquier momento.

- **Éxito**: Siempre es bueno tener un par de objetivos en mente que te permitan un margen de maniobra en caso de tener un mal día o una emergencia inesperada. El primer objetivo es el principal, aquel para el escenario perfecto y día soñado, en el que todo sale a las mil maravillas. El segundo objetivo es aquel con el que podremos sentirnos satisfechos si la carrera esperada no era lo que esperábamos pero al menos obtendremos un buen resultado.

- **Planificación**: Planifica tus carreras con antelación. Las carreras se preparan semanas o incluso meses antes dependiendo de su importancia y de la información que se haya conseguido recopilar del circuito, vehículos que vayan a participar, experiencia de los pilotos y un sin fin de variables que pueden alterar la carrera. Por ello es importante redactar un plan que te permita centrarte en un objetivo antes de pasar a la siguiente parte de la carrera. Y por favor, no intentes de hacerlo todo a la vez.

- **Flexibilidad**: Es de vital importancia que aproveches todo el tiempo en las prácticas o entrenamientos libres, entrena todas las posible situaciones, como las salidas, vueltas de clasificación, y por supuesto probar todas aquellas configuraciones, ya que durante la carrera es posible que tengas que realizar algunos ajustes para todas aquellas circunstancias imprevisibles. Y tal vez, en medio de la carrera te des cuenta de que estabas mucho más preparado de lo que pensabas, eso te ayudará a ajustar tu plan y obtener ese tiempo que te ayude a ir más rápido.

- **Gamificación**: Crea situaciones a partir de tu lugar actual en la carrera e intenta superar estos desafíos como si fuera un pequeño minijuego dentro de la carrera, como por ejemplo, adelantar a ese rival o mantener tu ritmo por 5 vueltas más. Esto te ayudará a seguir centrado.

- **Presente**: En mitad de carrera, es fácil abandonar la concentración sobre todo si vamos por delante, calculando cuántas vueltas nos quedan para el final o incluso cuánto tiempo aguantaremos al mismo ritmo. Si de nuevo estás pensando en una situación futura que no sabes si sucederá, logrará sembrarte dudas y perderás la concentración. En lugar de esto, en tu mente debe de reinar el presente y observar lo que ocurre a tu alrededor en todo momento.

- **Sin miedo**: La tensión y el nerviosismo son buenos, el miedo no. Miedo es dejar que algún elemento de la carrera o de tus rivales te intimide. Si has entrenado correctamente y visualizado tu éxito durante la carrera no tienes que tener ningún miedo.

- **Sonríe**: Un piloto feliz es casi siempre un piloto más rápido, disfruta compitiendo. Al fin y al cabo es el objetivo de todos los deportes, ser desafiantes pero sobre todo divertidos.

Todos estos puntos son un buen resumen de la actitud y la preparación a conseguir cuando queremos afrontar un reto con garantía de éxito.

Técnicas avanzadas

Trail braking

El trail braking es una técnica de frenado, de las llamadas básicas, que permite teóricamente extender la frenada de forma gradual hasta tocar el vértice de la curva en la que nos encontramos.

El acercamiento teórico a la curva dice que la frenada se debe de efectuar en linea recta y debe finalizar antes punto de giro del volante para no incurrir en un posible sobre viraje o deslizamiento lateral. El trail braking modifica ligeramente esta verdad para amoldarla a determinadas situaciones en que sea posible reducir la potencia de frenado gradualmente mientras giramos ligeramente el volante enfilando hacia el apex.

La cantidad de giro del volante ha de ser inversamente proporcional a la potencia que estamos aplicando en la frenada. Es decir, a menor giro, mayor posibilidad de aplicar el freno, y a mayor giro, menor freno. Lo que se consigue de esta forma es que el coche siga frenando y estabilizado mientras encaramos el vértice y de esta forma podamos aplicar la fase de frenado en recta unos metros más tarde, ganando tiempo naturalmente.

No es posible, o no es aconsejable, realizarlo en todas las curvas, ya que en curvas menores de 90 grados suele perder eficiencia o ser más peligroso de controlar que el beneficio obtenido. Sin embargo es muy visible en horquillas de 180 grados donde la velocidad de paso por curva es relativamente baja y el riesgo de sobreviraje puede quedar muy neutralizado con esta técnica.

Para hacernos una imagen mental de lo que explicamos, baste con imaginar que nuestro dedo gordo del pie del acelerador tiene un hilo cuyo final esta atado en la parte inferior del volante. Si giramos el volante, el dedo del pie tira hacia arriba haciendo que desaceleremos progresivamente cuanto más giremos el volante. Si a la misma vez que desaceleramos, aplicamos el freno en la misma proporción, observaremos como el giro y el freno al mismo tiempo y con un firme sin obstáculos permite estabilizar el vehículo mientras frenamos y giramos hasta encarar la curva y el vértice de la forma deseada. En todo caso, como todas las técnicas, lleva tiempo de practica y ajuste, pero bastan un par de veces sin apenas conocimientos para ver que es posible hacerlo, casi instintivamente y que resulta en una mejora evidente sobre la teórica e inamovible frenada en linea recta.

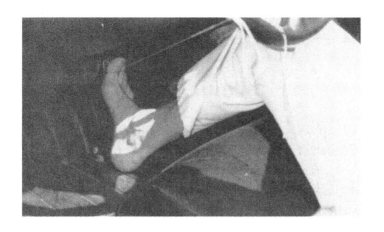

APRENDER A GIRAR EL COCHE, NO
SOLO CON EL FRENO, ES NECESARIO

Conforme mejoremos con la aplicación del freno en curvas lentas veremos que existe la posibilidad de complementar esto con sobre viraje proveniente del acelerador, lo que permite girar sin tener que usar las manos. Algo indispensable cuando queremos acercarnos a los reconocidos ases del volante.

Punta tacón

El punta tacón es una técnica avanzada de conducción deportiva que permite mejorar el rendimiento del vehículo en las frenadas cuando estas vienen acompañadas con reducciones de una o varias marchas. Consiste en la aplicación simultanea de los pedales de freno y acelerador con el pie derecho mientras que con el pie izquierdo se regula el embrague y una de las manos se centra en la palanca de cambios.

El concepto en realidad es el de dar un golpe de acelerador en las reducciones de marcha para elevar las revoluciones del motor facilitando de esa forma el engranaje de la marcha inferior y así evitar los bloqueos o el freno en la tracción de las ruedas al levantar el pie del embrague controlando el vehículo sin comprometer la frenada.

Esta técnica es especialmente útil en coches de tracción trasera con cambio manual en los que el peso del coche en frenada se desplaza a la parte delantera del mismo y puede llegar a provocar un latigazo en la tracción al reducir marchas en un tramo de frenada. Si además se aplica correctamente, conseguiremos que el golpe al acelerador consiga igualar las revoluciones al meter la marcha más baja y con eso evitar el brusco intercambio de pesos que se produciría en el caso de no hacerlo. A este se le conoce como rev matching o emparejado en el número de revoluciones.

Como se ve los beneficios son muchos, incluido el más básico consistente en que las revoluciones no decaigan demasiado y sintamos poca potencia o pereza al engranar otra marcha. Sin embargo uno de sus peros es que aumenta el consumo, ya que se hace un uso más continuo de altas revoluciones, aumentando así el gasto de combustible.

El nombre de punta tacón deriva de la posición del pie derecho en la que originalmente debía situarse para tener acceso a los pedales de acelerador y freno simultáneamente. Con los dedos tocamos el freno mientras que el tacón llega al freno para dar un golpe violento mientras esta girado unos 30º/45º. Dependiendo del calzado que llevemos y de la separación de los pedales, también se puede realizar usando la planta para llegar a medias a los dos pedales, tal cómo Ayrton Senna lo hizo cuando condujo con zapatos un NSX por Suzuka.

Veamos paso por paso como se hace:

1. Nos acercamos a una curva en 3º con la máxima aceleración. Nuestro objetivo es reducir a 2º y emplear la técnica del punta tacón.

2. Una vez que llegamos a nuestra referencia de frenado, levantamos el pie derecho del acelerador y presionamos el pedal del freno.

3. Con el pie izquierdo apretamos el embrague. El pie derecho no lo moveremos de posición y sigue ejerciendo la presión. A medida que nos acerquemos al punto de giro, posicionamos el pie apuntando a las once haciendo coincidir nuestro tacón con el pedal del acelerador. A medida que el cambio pase a través del punto neutro, damos un golpe de acelerador para revolucionar el motor.

4. Retiramos el pie izquierdo del embrague y soltamos el acelerador. Si lo hemos hecho correctamente, habremos incrementado las RPM generadas por el toque al acelerador.

5. Para finalizar la frenada soltamos progresivamente el pedal del freno.

6. Volvemos a presionar el acelerador suavemente para encarar la salida de la curva.

Al ser una técnica avanzada que implica muchos movimientos y pasos en un espacio de tiempo muy reducido, lo mejor es practicarla tranquilamente en sesiones en solitario en las que no pongamos a nadie en peligro. La práctica, como de costumbre, es fundamental para que se convierta en nuestra segunda naturaleza.

MEJORAR LA VELOCIDAD EN LAS CURVAS ES UNO DE LOS PUNTOS MÁS DIFÍCILES PARA LOS PILOTOS

La aplicación de este tipo de técnicas y su eficiencia depende del tipo de vehículo que estemos pilotando. Su uso puede influir de manera inesperada tanto en el desarrollo de los tiempos como en los desperfectos del motor u otro tipo de elementos mecánicos. Solo para usuarios avanzados con mucha práctica y que sepan con seguridad lo que están haciendo.

En el asfalto

Frenar más tarde

La sobreconducción es uno de los errores más habituales que puede cometer un piloto. Normalmente viene delimitado a la experiencia del piloto y suele acabar cuando este toma un rango de experiencia y comprueba de primera mano como este tipo de hábito le perjudica gravemente.

En nuestros primeros acercamientos a la competición, normalmente a través de la televisión, hemos fijado nuestra atención en los adelantamientos y pasadas que realizan los pilotos. Siendo quizá uno de los espectáculos de las carreras es normal que los comentaristas o periodistas intenten enfatizar la pasada, aunque sus comentarios al respecto pueden no ser atinados y estar inculcándonos un pensamiento completamente erróneo.

Es cierto que algunas pasadas se realizan alargando la frenada y *sobreconduciendo* pero tienen su explicación lógica y son, al revés de lo que pensamos, hechos muy puntuales que tienen una utilidad determinada dentro del contexto en el que se realizan y nunca más allá.

Por ejemplo, suele pasar que alguien escoja un punto de adelantamiento en el que no sea posible trazar en paralelo, por lo que siendo él solamente consciente de lo que va a suceder, el piloto perseguidor lanza su vehículo hacia el punto de trazada, alargando su frenada y pensando de forma optimista sobre que el predecesor va a verle acercarse y cerciorarse de su peligrosa maniobra antes de producirse el accidente. De esta forma, el vehículo que esta atrás, logra adelantar sacrificando totalmente la trazada, saliendo de forma lenta y perezosa del vértice y matando por completo al rival, ahogado y casi parado para evitar el golpe. Esto es desgraciadamente más habitual de lo que parece.

Alargar la frenada, frenar más tarde, implica casi siempre la perdida del vértice, una transferencia de pesos más abrupta de lo que la tracción puede soportar y una ejecución menos óptima del paso por curva. Hacerlo cuando se pilota en solitario intentando exprimir el limite de la tracción y pensando que vamos a ganar tiempo es una simple consecuencia de la ignorancia y la inexperiencia que sólo corregiremos cuando alguien nos lo haga notar o cuando veamos la poca velocidad que de ello se extrae.

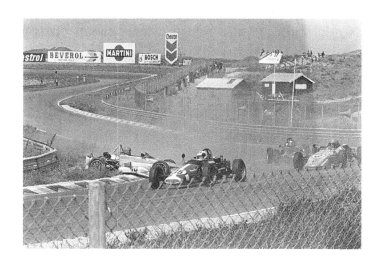

A veces en las carreras o en las clasificaciones necesitamos empujar o meter algo más de presión a nuestra conducción. En ese filo, buscando el limite, debemos evitar siempre caer en la sobreconducción. El simracing permite aún poder empujar casi continuamente, a veces sólo pensando en el consumo de neumáticos en caso de modelos delicados, o en caso que vayamos justos de gasolina, pero en el 95% de los casos es probable siempre ir afinando aún más. Ser capaces de diferenciar y de no *"subirnos por las paredes"* es vital, ya que un solo error puede condenarnos.

IR AL LÍMITE ESTÁ BIEN, IR POR
ENCIMA ES UNA PERDIDA DE TIEMPO

No dejemos que nos influyan vanos movimientos e imágenes televisivas de adelantamientos bruscos, forzados y poco elegantes. Las heroicidades son eso, heroicidades, que sólo salen bien muy de vez en cuando y que se hayan, por norma general, fuera de nuestras capacidades. Respetemos a los demás rivales, y para ello empecemos respetándonos a nosotros mismos acabando nuestra carrera con la bandera a cuadros y no antes de tiempo.

La práctica hace al maestro

La sesiones de práctica son uno de los puntos básicos de todo simulador actual. Nos referimos a las prácticas que se realizan conjuntamente con el resto de pilotos y con las que podemos aprender mucho a todos los niveles. Suelen estar continuamente llenas de gente y es donde se disfruta de ese ambiente precarrera que tanto gusta. En ellas podemos vislumbrar lo que un cambio de clima en la pista puede deparar, como son nuestros rivales, quien está lejos o cerca y comparar nuestros tiempos con todos ellos. Las prácticas permiten hacer todo tipo de test y son importantes para mejorar nuestro conocimiento del coche y su trazada en la pista a través de pequeños cambios en el setup. Son un paso obligado antes de pensar en correr y nos ayudan a entender como reacciona diferente gente a diferentes situaciones. Normalmente tengo buenas experiencias en práctica y es verdad que el comportamiento de la gente ha mejorado a lo largo del tiempo y que cada vez se ven más actos de buena educación o sentido común dejando a un lado el comportamiento anónimo e irrespetuoso de antaño. Esas reglas de protocolo nunca escritas podrían resumirse de la siguiente forma.

- **Vuelta de salida**: debes dejar pasar a la gente. Más rápidos o más lentos, pero están intentando correr sus stints en su ritmo de carrera y probablemente necesitaras al menos unas curvas para ponerte a su nivel.

- **Relativo**: tecla F3 en iRacing o RealTime App en Assetto Corsa, el relativo debería estar siempre en pantalla. Te muestra donde está la gente más próxima a tu alrededor y como de rápido o de lento se acercan. Úsalo siempre, antes de salir a pista, después de un trompo, cuando se acerca alguien más rápido... Obligatorio.

- **Un coche más rápido**: A veces es posible que entres en una práctica sin incluso conocer la pista, otras simplemente no tienes el ritmo necesario. Un coche más rápido se acerca. Facilita su pase yéndote fuera de la trazada en curva o déjale espacio en recta.

- **Un coche más lento**: el caso contrario, eres más rápido y estas en vuelta o intentando completar un stint. Actúa como lo harías en la vida real, ve largo en una de las curvas o intenta una trazada diferente para salir con más aceleración en recta. Mantente alejado de contactos y levanta si es necesario.

- **Batallando**: no mucha gente quiere usar las prácticas para hacer paralelos o probar adelantamientos. De todas formas, si lo haces, intenta acabar en pocas curvas de forma que no arruines tu siguiente vuelta o la suya a menos que sea con mutuo consentimiento.

- **Midiendo la distancia**: la bandera azul en carrera se muestra en un parcial de 1,5 segundos. Un coche más rápido tendría que levantar o cambiar su linea si no estas facilitando un pase claro en ese tramo del último segundo.

Los hechos acaecidos en práctica también son reportables en algunos simuladores, así que comportate correctamente e intenta no perder los nervios. Si necesitas practicar en solitario tienes sesiones separadas o fuera de linea en las que nadie molesta. Usa lo que necesites para obtener la mejora o los datos que buscas.

ENTRENAS COMO CORRES, CORRES COMO ENTRENAS

Educación, cortesía, sentido común, buenas formas... en resumidas cuentas: trata a los demás como querrías que ellos te trataran a ti, molestando lo menos posible y respetando el tiempo que invierte la gente cuando comparte contigo una sala online.

Clasificación

La clasificación es un momento especial. Se trata de algo relativamente único. Generalmente es un mini evento de pocas vueltas en las que tenemos que dar lo máximo de nosotros mismos sin cometer ningún error. Como ya se puede comprobar por la descripción, mentalmente no parece nada sencillo, ya que supone poner el 100% de rendimiento casi en *frio*, con una implicación del aspecto mental muy alta.

La clasificación implica preparar el vehículo y el piloto para rendir en ese evento tan corto, por lo que las condiciones meteorológicas son muy importantes para la preparación y el desempeño de ese tándem. No necesitamos conservar los neumáticos, pero si llevarlos a la temperatura ideal tan rápido como sea posible para que en la vuelta escogida puedan dar lo mejor de su tracción y agarre. Dependiendo del tipo de vehículo la clasificación puede ser progresiva, buscando un tiempo en la última vuelta, o al contrario, yendo al máximo desde el primer metro.

Un buen clasificador puede ser una persona que sepa mantener una concentración excelente durante cortos periodos de tiempo pero que se difumine durante más tiempo, lo que implica no rendir adecuadamente durante las carreras. También hay muchos pilotos que funcionan de la forma contraria, estando más cómodos en un ritmo de carrera rodeados de rivales y con múltiples variables. Así que al final, la clasificación siempre va a ser un asunto de cabeza en el que nuestra experiencia de práctica debe demostrarse en su máximo esplendor. Cuanto más confianza tengamos en nuestro aprendizaje a través del entrenamiento realizado, más probabilidad de que la clasificación se desarrolle de forma satisfactoria y cercana a lo que hemos entrenado. Se trata de una cuestión de confianza.

CLASIFICAR BIEN ESTÁ EN TU CABEZA, NO EN TUS MANOS NI EN TUS PIES

Aunque hagamos buenas clasificaciones de forma regular, hay que tener en cuenta que por circunstancias que escapan fuera de nuestro control, y al ser un evento tan único, nuestros rivales pueden arriesgar mucho más, encontrar una vuelta perfecta o tener una mejor preparación para este tipo de condiciones. No hay que desesperarse ya que la carrera es donde tenemos que mostrar que nuestras capacidades y nuestro entrenamiento son mejores, y para ello siempre tendremos mucho más tiempo.

Correr en grupo

Las carreras tienen un sentido especial respecto a cómo entrenamos y cómo corremos. Es difícil o prácticamente imposible entrenar las carreras en grupo al contrario que en el resto de deportes donde la práctica si se asemeja al partido o la prueba definitiva, las carreras son algo completamente diferente. Nosotros y nuestro coche podemos estar listos, preparados y pertrechados para correr en solitario, sin pensar en nadie mas y ocupándonos únicamente de nuestros asuntos y nuestra mecánica. ¿Tiene eso algún valor a la hora de la verdad? Lo tiene, pero ni mucho menos es la totalidad, sobre todo en la mayoría de las series donde la mecánica de los pilotos es similar y la habilidad muy parecida. Entramos entonces en unas situaciones donde el racecrafting o el saber correr en grupo y gestionar las circunstancias de carrera se convierte en el elemento más importante. Sin esa capacidad, somos incapaces de mostrar nuestro talento y dejar que se imponga sobre nuestros temores y rivales.

El racecrafting es uno de los grandes valores que ofrece el simracing. La comodidad de poder entrenar dinámicas de grupo sin el temor de los daños y sin las incomodidades de la gestión de grupos y logísticas reales es uno de los grandes atractivos que puede ofrecer la simulación hoy en día. Podemos acostumbrarnos a ciertas situaciones difícilmente reproducibles en entorno real y que nos van a dar un plus de experiencia llegado el momento. En mi opinión es uno de los valores que más deben apreciar los pilotos, ya que pueden medirse a otros pilotos de todo el mundo, en igualdad y en un entorno regulado para mejorar y aprender evitando ciertos problemas o comportamientos recurrentes.

Podemos ser increíblemente veloces cuando se trata de hacer vueltas rápidas, trazando en solitario y sin oposición, siendo muy sencillo mantener la concentración ya que las variables a gestionar son relativamente pocas y dependen de nuestro coche y nuestra mecánica. Cuando se trata de trasladar eso a una carrera con 19 o 23 oponentes las cosas cambian radicalmente.

Lo normal es que no hayamos conseguido la pole, y por lo tanto tengamos que luchar, si o si por mantener nuestra posición e intentar progresar en la parrilla. En ese momento todo el asunto de entreno en solitario se vuelve completamente irrelevante. Tenemos que ser capaces de conocer en un instante a nuestros adversarios, controlar las distancias, controlar el estado de la pista y ser capaces de realizar diferentes trazadas perdiendo el mínimo tiempo posible.

Se producen situaciones de estrés en las que hemos de mantener la cabeza fría para no cometer errores, ya que al estar todos los coches tan juntos, cualquier pequeña penalización nos puede mandar al fondo del grupo, siendo luego muy difícil de levantar la situación.

La salida provoca siempre un momento claro de grupo en el que podemos interesarnos y controlar algunas variables. Suele ser interesante ver quien esta a nuestro lado, tanto detrás como delante, con quien corremos, si estamos en nuestros tiempos o podemos progresar debido a una mala clasificación, si nos vamos a quedar atrás porque estamos en un lugar que no nos corresponde. Debemos hacer un pequeño análisis de la seguridad y el hambre de nuestros rivales para al menos, controlar esa pequeña burbuja en la que estamos inmersos.

Una vez la cosa se ponga en marcha, nuestra cabeza (o corazón) dicta los acontecimientos. Evitar los toques y llevar nuestro coche intacto hasta la meta es el objetivo prioritario, o debe serlo. Salvar las primeras dos vueltas donde rivales fuera de ritmo pueden ponernos en problemas es también algo que debemos de poder hacer si tenemos la suficiente calma y frialdad. Intentar ajustarnos dentro de lo posible a nuestra trazada, asegurar cuando vamos en paralelo y no forzar la situación. La carrera suele ser larga y no queremos quemar nuestras opciones ya en sus primeros compases.

Una vez se haya estabilizado, cada uno de los participantes ha de seguir su ritmo, aquí es donde entra en materia nuestro entrenamiento en solitario. Aquí es donde hemos de demostrar que sabemos rodar y que no importa quien haya delante o detrás. Somos capaces o debemos ser capaces de sobreponernos a la presión de un rival, pero también debemos ser capaces de analizar si nos conviene defender o dejarnos pasar y seguir un ritmo superior. La defensa suele perjudicar a los dos corredores permitiendo a otros rivales acercarse y por lo tanto habrá que usarla con mucha precaución.

También no perder el hambre y la persecución de objetivos, mirar hacia adelante e intentar no rendirse nunca. La carrera es sorprendente y ofrece siempre recompensas a aquellos que luchan y esperan hasta casi el final.

Como veis, correr en grupo es en sí mismo un arte, sacar rédito de las luchas de nuestros rivales y avanzar en la parrilla usando para ello las debilidades de otros. Tener la suficiente intuición para saber cuando adelantar y cuando quedarse atrás, cuando esperar y cuando defender. Incluso cuando dejarse pasar y donde suele ser decisivo en determinadas fases de carrera.

CORRER CON GENTE SIEMPRE SIGNIFICA DISFRUTAR, AUNQUE LA COMPAÑÍA NO SEA LA MEJOR

Es sin duda uno de los aspectos donde más brillan los simuladores gracias a la tecnología actual.

Sobrevivir es ganar

En uno de los capítulos anteriores menciono semi despectivamente que un piloto o simracer debe aprender a descartar sus propios resultados obtenidos de cúmulos de casualidades cuando estas son fortuitas y no se repiten con asiduidad. Es decir, ser objetivo con nuestro propio desempeño y no creer que esa victoria con cinco coches accidentados significa mas de lo que en realidad es; un buen golpe de suerte que hemos sabido aprovechar.

En nuestra trayectoria habrá momentos en los que pensemos erróneamente que nos hemos estancado, que hemos llegado a un punto en el que no podemos avanzar más y que siempre estaremos a X segundos o décimas de nuestros pilotos de referencia. Es en esos momentos cuando más necesitaremos nuestras otras habilidades, aquellas de pura y llana supervivencia para aprovechar cada resquicio que la carrera pueda ofrecernos.

Contrariamente a lo que pueda parecer, esa frase es justamente lo contrario del riesgo incontrolado, de la aventura porque si. Significa que cada oportunidad de desequilibrar la carrera a nuestro favor va a durar apenas unos segundos o vueltas en que las condiciones van a ser propicias para adelantar o situar coches detrás nuestro. Es en esos momentos cuando hemos de tomar decisiones.

Las decisiones nunca son fáciles de tomar, y menos cuando ponemos en balance un resultado exitoso o quedarse fuera de carrera. Son situaciones en las que la igualdad es máxima y nuestro instinto de supervivencia pero a su vez ambición y asertividad son más necesarios que nunca.

Las decisiones toman nuevos derroteros y enfoques cuando se trata de las carreras multiclase. En este tipo de carreras, son varios coches de diferentes características y caballaje los que circulan a la vez por la pista. Tenemos de tener claro en primer lugar contra que unicamente competimos contra los coches de nuestra clase y que debemos de respetar tanto a las demás clases como esperamos que estas nos respeten a nosotros cuando hemos de realizar el paso. Manejar y gestionar el tráfico se convierte en un elemento vital para lo que las decisiones se amontonan una tras otra, y la toma de ellas tiene que ser rápida. Una decisión errónea tiene que ser corregida lo más pronto posible si tenemos la suerte que no tiene consecuencias en nuestra posición o nuestro ritmo.

En las multiclases existe una gran diferencia dependiendo del vehículo que escogimos, ya que es muy diferente rodar con un coche de la clase rápida o uno de la lenta. En la lenta, independientemente que vayamos en posiciones avanzadas, estaremos continuamente vigilando nuestra retaguardia para evitar que los coches que nos van a doblar cometan movimientos estúpidos que puedan poner fin a la carrera. Es bastante usual que los pilotos en los coches con más velocidad ignoren inconscientemente que el resto de coches en carrera tienen otras trazadas y otros puntos de frenada y quieran pasar lo más pronto posible. Tenemos que tener esto en cuenta leyendo y haciendo uso de las herramientas de posición para saber cuan comprometido esta el piloto que viene y el cuidado que va a tener al rebasarnos. Si por el contrario formamos parte del grupo de coches rápidos tenemos que tener un cuidado extra al doblar y no estropear la carrera del resto de pilotos que también están luchando por posición en sus propias clases. Lo mismo que he dicho de las diferentes trazadas, referencias, reacciones y puntos de frenado hemos de tener en consideración para realizar y asegurar una pasada segura. Nadie quiere quedarse fuera por un vehículo que ni siquiera compite contra él, pero por desgracia es bastante habitual. Todos estos pensamientos y cálculos se realizan apenas en cuestión de décimas o segundos y este tipo de carreras suelen tener un componente de tensión y estrés extra que las hacen atractivas y adictivas a un gran número de simracers.

Tirar como un bestia cuando rodamos sin trafico, cuando necesitamos abrir hueco o conservar la calma cuando no hay opción de progresar por delante. Aprender a defender cuando alguien que nos quiere pasar no es más rápido que nosotros, aprender a poner coches para retardar un inevitable adelantamiento de un perseguidor, leer los movimientos y el ritmo de los doblados cuando avanzamos hacia el podio o en una persecución, son todos ellos momentos donde vamos a forjarnos y a apreciarnos a nosotros mismos cuando lo hagamos bien, y a detestarnos cuando fallemos. Aprenderemos, sea por las buenas o por las malas y esas pequeñas notas de experiencia irán sacándonos poco a poco de ese bloqueo en el que habíamos entrado.

CUÁNTO MÁS TIEMPO ESTEMOS EN PISTA, MÁS POSIBILIDADES DE ACABAR ARRIBA

Tarde o temprano, sólo a base de pura supervivencia, leyendo adecuadamente cada situación y prestando atención iremos consiguiendo mucho más de lo que nuestras meras habilidades físicas y técnicas logren a los mandos del vehículo. Es también parte de la experiencia aprender y saber como estar siempre *ahí*.

Siempre existen reglas

Por mucho que creamos que una vez en el coche, casi todo vale, lo cierto es que hay ciertos aspectos que no están permitidos y que acarrean suspensiones y penalizaciones de todo tipo. Si participamos en series privadas con comisarios de pista humanos que vigilan cada aspecto de la carrera es bastante lógico que nos encontremos con condiciones muy restrictivas donde los menos sean los aspectos permitidos en pista. Si nos alejamos de las competiciones privadas, en los servicios que permiten protestas y se rigen por un código de conducta, es el agraviado el que tiene que dar el primer paso para reclamar justicia ante una violación del código. Esto es así por ejemplo en iRacing, donde un departamento juzga si las infracciones remitidas por los usuarios son o no merecedoras de sanciones y que tipo de gravedad conllevan.

Aunque en las competiciones de motor hay una gama de grises bastante importante, hay ciertos aspectos en los que la culpa suele quedar clara. Al menos es necesario conocer ese tipo de situaciones para no ser sancionado con más frecuencia de la deseada y terminar precipitadamente nuestra carrera virtual con un baneo por mal comportamiento. No solamente por los castigos, si no por mantener una educación en la pista que permita que todo el mundo consiga su dosis de entretenimiento, siendo nosotros los primeros. Cuanta más limpieza haya en pista, más probabilidades de que encontremos la recompensa a nuestros esfuerzos y que obtengamos satisfacción por lo que estamos haciendo. El factor positivo debe ser siempre lo primero a considerar.

Naturalmente el 90% de las controversias vienen de los enfrentamientos entre coches, de la pelea contra otro piloto, y por eso es por lo que en este capitulo vamos a centrarnos exclusivamente en los adelantamientos y en quien tiene o no preferencia en todos esos cuerpo a cuerpo que tanto o tan poco nos gustan. Tomaremos como ejemplo las consideraciones de la FIA para la F1, aunque son extrapolables a la totalidad de las disciplinas del motor real y por tanto virtual.

La F1 siempre se ha distinguido por tener duelos de mucha intensidad entre rivales de un nivel élite. El problema para muchos fans, incluso periodistas del gremio, es que las reglas que rigen en pista, y las de la misma FIA son complejas y ambiguas en muchos casos ya que es imposible cubrir todos y cada uno de los casos que se dan en pista. Tampoco es que la comunicación de la FIA haya sido modélica en cuanto a resolver muchas de las dudas, lo que en parte provoca algunas contradicciones y deja entre abierta la puerta a las teorías conspiratorias, alimentadas por la casi inexistente documentación en linea.

En este capitulo se tienen en cuenta las deliberaciones de la FIA con respecto a casos concretos de los tipos que se enumeran, el sentido común y las etiquetas de competición habituales, la opinión de expertos del motor y documentación contrastada de reputados libros de motor. Con todos esos argumentos veremos de forma más sencilla quien o quien no tiene razón al disputar la posición.

En todo momento tienes que dejar espacio

El caso más sencillo posible: dos pilotos batallando en una recta.

1. La regla de un único movimiento

Cuando un piloto está completamente por delante de otro en una recta puede hacer un movimiento en cualquier dirección usando para ello los límites de la pista. El movimiento puede ser además tan rápido o lento como prefiera, cambiando gradualmente o dando un giro brusco hacia uno de los lados. Esto viene regulado en el apartado 20.4

"Cualquier piloto defendiendo su posición en una recta, y antes de una zona de frenado puede usar la totalidad de la pista durante su primer movimiento teniendo en cuenta que el coche perseguidor no tiene

ninguna parte a cualquiera de sus lados. Mientras esta defendiendo de esta forma, el piloto no debe abandonar la pista sin una razón justificable."

Más de un cambio de dirección no esta permitido, es lo que se llama weaving (o block en iRacing) y se encuentra tipificado en el apartado 20.3

"No está permitido más de un cambio de dirección para defender una posición"

180

La regla del movimiento único se mantiene como cierta tanto si el defensor busca bloquear al atacante como si el defensor busca evitar que el atacante obtenga su rebufo.

Cuando un defensor hace su movimiento, la distancia y la velocidad a la que se cierra el espacio entre ellos es o debe ser considerada por los comisarios. Si el atacante está alcanzando rápidamente al defensor y hay sólo un pequeño espacio entre ellos, es posible que no pueda evitar un movimiento repentino del defensor sobre su linea. Queda en manos de los comisarios penalizar o no los movimientos defensivos que se realizan de forma tardía bajo el articulo 20.5

"Las maniobras que buscan impedir el adelantamiento de un perseguidor, como por ejemplo forzarlo fuera de los límites de la pista o forzar un cambio brusco de dirección, no están permitidas"

2. Llevando la regla a sus límites

La regla del movimiento único parece totalmente bien definida y sin áreas grises, sin embargo los pilotos son los primeros en encontrar la forma de darle la vuelta a la tortilla argumentando que un segundo movimiento puede formar parte de su linea de carrera para afrontar la siguiente curva tras la recta. Tenemos dos ejemplos a continuación:

El primero es cuando un defensor hace el primer movimiento para cubrir el interior y después vuelve al exterior para afrontar de forma más favorable la siguiente curva.

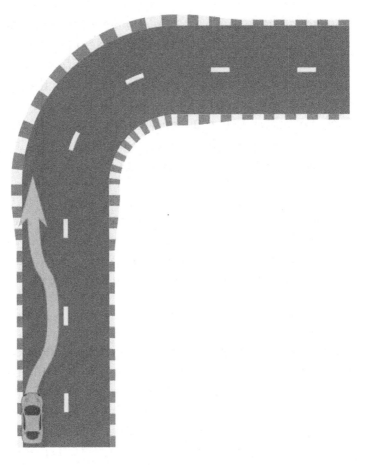

Este movimiento se ve mucho y es generalmente aceptado, siempre y cuando los dos contendientes difieran suficientemente en la velocidad en su llegada a la zona de frenada, ya que de lo contrario cuando un defensor vuelve al exterior debe dejar siempre espacio al atacante para que pueda maniobrar con seguridad aunque sea tomando la curva en la linea exterior. Viene especificado en el apartado 20.3.

"Cualquier piloto regresando a la linea de carrera que haya defendido anteriormente su posición fuera de linea, debe de dejar al menos anchura de un coche entre su propio coche y el limite de la pista en la zona de aproximación a la curva"

3. Con otro coche en paralelo

Cuando un piloto esta completamente delante en recta puede moverse sin problema usando la pista, pero esto cambia cuando hay un solapamiento entre los coches, ya que un movimiento lateral puede causar una colisión. Si dos coches solapan cualquiera de sus partes, cada uno de los pilotos debe respetar el espacio ocupado por el otro coche. Ambos tienen el derecho de usar la linea de la recta sin intromisión. Viene definido en el 20.4.

"Cualquier piloto defendiendo su posición en recta, y antes del área de frenado, puede usar la totalidad de la pista durante su primer movimiento mientras no tenga ninguna porción del coche perseguidor junto a uno de sus laterales. Para evitar duda, cualquier parte del alerón delantero del perseguidor en el

lateral del eje trasero del coche que va por delante se considera suficiente."

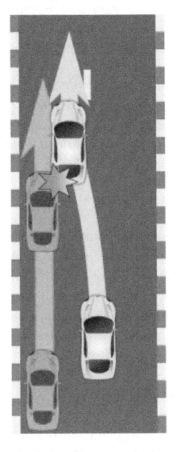

Naturalmente, aunque entre en la regla, los casos de acoso en recta están desaconsejados y en muchos casos penalizados, como por ejemplo intentar ahogar a un perseguidor contra un muro o un objeto aunque se deje el espacio suficiente para un vehículo. Contemplado en el 20.5.

"Las maniobras que buscan impedir el adelantamiento de un perseguidor, como por ejemplo forzarlo fuera de los límites de la pista o forzar un cambio brusco de dirección, no están permitidas"

4. En la zona de frenado

En la recta un piloto tiene derecho a cambiar súbitamente de dirección mientras no entre en conflicto con el coche perseguidor usando la totalidad de la pista. Sin embargo ese privilegio no se aplica en o inmediatamente antes de la zona de frenado de una curva. Los cambios bruscos en esta zona son considerados extremadamente peligrosos ya que pueden dejar al atacante sin ningún sitio donde ir. No está explícitamente escrita pero se contempla dentro del 20.5 que ya hemos citado anteriormente.

Obviamente se permite algún cambio de dirección, pequeño, en la zona de frenado, ya que normalmente la linea de carrera optima incluye hacer un poco de trail braking y es cuestión de los comisarios decidir cuando un movimiento está fuera de esa normalidad.

Brake test o brake check es una maniobra considerada extremadamente peligrosa que trata de causar una acción evasiva del piloto perseguidor frenando antes de lo normal, por lo que es perseguida y castigada aunque no explícitamente mencionada.

¿Quién tiene la trazada?

El caso más complicado es naturalmente aquel en el que dejamos la recta y llegamos a la curva. Dos pilotos deberían ir por la linea de carrera, la trazada optima, pero quizá no exista el espacio físico para que eso pueda ocurrir. Además cada piloto intentará dificultar la salida de su rival de la curva tanto como sea posible.

Lo sorprendente del tema es que una vez que la curva comienza, la FIA apenas tiene reglas para discernir la cuestión aparte de que ambos pilotos tienen que permanecer dentro de la pista. Llegado este punto, las reglas caen en la zona del sentido común y las costumbres que prevalecen en el mundo del motor, algo que no tiene porque ser conocido por todos los simracers, y que además contiene muchas ambigüedades.

5. Peleas sobre el apex

Si consideramos los libros de motor, para adelantar en una curva, el atacante toma la linea interior se sitúa junto al objetivo en la zona de frenado y derrota a su oponente en el apex. Si el atacante está delante en el apex no hay disputa sobre quien tiene la linea de carrera. El defensor debe ceder. Pero qué pasa si el atacante esta sólo parcialmente delante, ¿quién tiene entonces el apex?

Cada una de las competiciones pueden tener sus propios criterios sobre cuanto un competidor puede o debe estar en paralelo al defensor para reclamar el apex. La F1 ha explorado y refinado las normas a lo largo de los años tras tener que lidiar con las argucias de pilotos como Senna o Schumacher, expertos en aprovechar las zonas grises. Hoy es bastante aceptado que un atacante debe llegar a menos a la mitad del coche defensor para tener una posibilidad razonable de reclamar la curva. Además no debe de conseguir esta posición llegando con extrema velocidad al apex, ya que se consideraría un dive bomb.

Vamos a ilustrar tres ejemplos.

A. El atacante está más allá de la mitad

Aquí el atacante esta más allá de la mitad del defensor pasado el apex. El atacante tiene derecho a usar la linea de carrera. Un contacto aquí es enteramente culpa del defensor.

B. El atacante no llega a la mitad

En esta ocasión el atacante sólo tiene su parte delantera en el eje trasero del defensor. El defensor tiene derecho a usar la linea de carrera. Un contacto en este caso es completamente culpa del atacante.

C. El atacante llega más o menos a la mitad

El frontal del atacante está por delante del eje trasero del defensor y los dos coches están aproximadamente a mitad en un lateral. Ambos tienen razones para reclamar la linea. Si el contacto ocurre la culpa tiene que ser compartida por ambos. Es en estas situaciones cuando los incidentes de carrera se califican como tal.

6. El switch-back

En las horquillas existe un método alternativo para adelantar que resulta muy útil a veces llamado switch-back. Si el defensor toma una linea interior para la defensa, el atacante puede tomar el exterior, irse un poco largo en la horquilla y tomar un apex tardío para mejorar su aceleración en la salida y adelantar en la recta posterior con seguridad.

Para conjurar esta amenaza los defensores con frecuencia intentan crear una barrera usando su propio coche deteniéndose ligeramente en el apex tardío que buscan los atacantes. Mediante una salida lenta es como lo consiguen, creando una obstrucción. El atacante es incapaz de acelerar hasta que el defensor ya lo ha hecho y no es capaz de generar ninguna ventaja por lo que ya no tiene posibilidad de pasar en la recta posterior.

Aunque es un tipo de defensa aceptada, el tipo de bloqueo permitido no está del todo definido, por lo que es una de esas ambigüedades a las que nos referimos. Evidentemente en mi opinión cambia en el momento en que el defensor prima el bloqueo sobre su intención de tomar la mejor salida.

7. Adelantando por fuera

Un defensor que está siendo atacado a veces puede intentar mantener su posición por el exterior. Lo mismo que un atacante que prueba el exterior una vez el defensor ha cogido la linea interior. Es bastante complicado rebasar por el exterior e implica una grand destreza y habilidad.

Si el rival que va por el exterior tiene mas de medio coche delante del perseguidor que va por el interior a la altura del apex, tiene derecho a mantener y cortar hacia el interior de la linea de carrera, como en el caso 5 que explicábamos anteriormente.

Si el que va por el exterior no está suficientemente adelantado al coche del interior, puede continuar por una linea exterior. En este caso un posible conflicto puede aparecer una vez llegado al apex y posterior, ya que el coche en el interior quiere seguir su linea de carrera que le lleva hacia una salida recta de la curva y al limite de la pista. ¿De quién es ese trozo de la salida de la curva? Veamos como discernir culpas en caso de conflicto.

El consenso actualmente es que el piloto que va en el exterior debe estar al menos un poco más adelantado que el piloto en el interior (midiendo alerón delantero con alerón delantero) para tener el derecho a reclamar la linea de carrera en la salida de la curva. Naturalmente depende del tipo de curva y de los coches involucrados y si las lineas interiores o exteriores pueden ser mas rápidas, en estos casos se contempla la posición de los coches en las salida de la curva, no en la entrada ni en el apex, que es lo verdaderamente importante para juzgar estos casos.

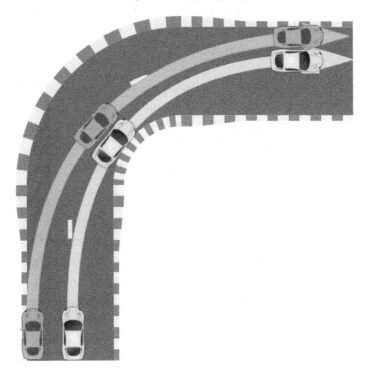

Si el piloto que va en el interior está detrás en la salida de la curva, debe dejar espacio para el piloto en la salida.

Si el piloto en el interior esta delante en la salida, es deber del que va en el exterior reducir o tomar una acción evasiva para evitar la colisión o el contacto en la salida.

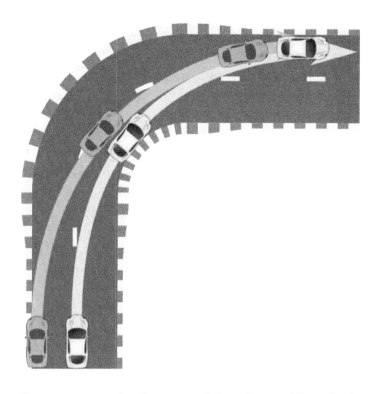

En este caso el piloto en el interior es libre de ir ampliando su linea hacia el exterior ya que la linea interior tiene menos metros y por lo tanto a igualdad, es el piloto en el interior el que va delante y tiene preferencia. De todos modos aquí también entra en juego la agresividad y la libertad de cada uno de los pilotos a juzgar la acción dentro de sus percepciones.

En todos estos casos y problemas hay que tener en cuenta, que sea cual sea el resultado de aclarar y juzgar un incidente, no se puede volver atrás y evitarlo, por lo que el daño siempre estará hecho. No podemos volver a ese momento a exigir que se repare una circunstancia de carrera en la que alguien decidió erróneamente y nos dejo a ambos fuera de carrera, por lo que lo mejor en un principio es evitar siempre y todo lugar, cualquier tipo de incidentes.

Entre otras cosas, esta es la base principal que se esconde detrás de los sistemas de puntuación de seguridad de los simuladores, donde nunca se culpa a alguien (de forma automática) si no que se penaliza a los involucrados en los contactos, evitando culpar a nadie en concreto. Esto es un arma poderosa para concienciar que un incidente o colisión, sea de quien sea culpa, siempre deja victimas y probablemente carreras inacabadas. Quiero decir con esto que muchas veces nos tocará simplemente ceder, aunque llevemos 120% de la razón y estemos siendo zarandeados impunemente con todo tipo de artimañas y tretas, ya que será la única forma de conseguir finalizar la carrera y por lo tanto conseguir resultados. El sistema de reclamaciones existe justamente para que una vez finalizada la prueba, podamos reclamar ese tipo de acciones y ser juzgadas por un comisario que podrá determinar en base a la telemetría quien ha sido el causante de la acción y si merece una determinada sanción.

RESPETA SI QUIERES QUE SER
RESPETADO

Esto que puede parecer un parche a destiempo y algo que no nos conviene en absoluto pero tiene un poderoso efecto a largo plazo, en el que los pilotos extremadamente agresivos reciben penalizaciones una y otra vez con la consiguiente perdida de pruebas y horas de juego, además consigue reformar su forma de actuar fomentando que se integren de manera más limpia en el transcurrir y el devenir de las pruebas. Al final es de lo que se trata todo, de terminar carreras y competir limpiamente y eso se consigue en buena medida cuando finaliza la sesión.

Una sola oportunidad

Cuando se corre en grupo no hay demasiadas oportunidades para cometer errores, por lo general ninguna. No ya sólo cuando nos referimos a nuestra conducción o nuestra concentración sino a nuestra interacción con los demás pilotos.

En cierto momento de nuestro desarrollo podemos pensar que una carrera divertida consiste en luchar incansablemente con otro piloto durante vueltas y vueltas. Luchar y volver a luchar, y así hasta chocar porque uno de los dos no pueda controlar una situación de estrés. ¿Divertido? quizá ¿Eficiente? de ninguna manera.

Los adelantamientos son la salsa de las carreras, los goles del automovilismo, y por eso mismo vulgarizarlos no deja de ser un claro indicativo de que algo se ha hecho mal. Tener que hacer un adelantamiento significa que ya hemos errado anteriormente, en la clasificación o en la carrera, ya que no estamos en nuestra posición ideal. A veces significa que ha errado otro, pero debemos centrarnos en exclusiva en nuestro desempeño. Evitar estas situaciones tan peligrosas en las que luchamos cuerpo a cuerpo contra un rival de similar nivel puede beneficiarnos. Me gusta pensar que se analiza durante algunos minutos al rival, su conducción, su estado actual, sus antecedentes y en base a ello se decide un punto seguro donde atacar y llevar a cabo una sola vez y de manera definitiva el adelantamiento sin perder el respeto a nuestro rival, sin ahogarle y condenar su carrera. Ir cocinando el adelantamiento para poder degustarlo y enfatizarlo. Eso para mí es pura caballerosidad, fair play y competitividad a su máximo nivel.

Evidentemente existen otros métodos, con prisas y a las primeras de cambio. Conoceréis en vuestro deambular mucho piloto rápido saliendo desde atrás debido a sus propios errores que no tardarán ni media curva en tiraros el coche en el peor sitio posible mientras ellos cumplan su único propósito; corregir sus errores a costa de estropear las carreras de otros. Se puede competir así, es legal y no hay mayor problema, pero no esperéis amistades ni popularidad cuando abusáis de la buena conducta de otros.

LA REPUTACIÓN ES LO QUE QUEDA CUANDO APAGAS LA PANTALLA

Al fin y al cabo somos una comunidad pequeña, en la que nos vemos una y otra vez muchos, charlamos por las redes sociales e incluso coincidimos en eventos de tiempo en tiempo. Las posibilidades de sacar algo de esto más allá de la diversión son realmente reducidas, ya sea por edad, por talento o por suerte. Es preferible tener la sensación de que se ha disputado una carrera de forma amistosa, a que acabamos de salir de las trincheras contra un enemigo sucio y feroz. Nos divertiremos más, seguiremos con ganas de competir y no tendremos que ir apuntando nombres con los que no preferimos cruzarnos de nuevo en el asfalto.

Índice de contenido

Referencias y notas

Las imágenes correspondientes a los motores tienen licencia Creative Commons y han sido realizadas por Teccirio.

La imagen correspondiente al campo de visión es una modificación de una captura perteneciente a iRacing.com

La imagen correspondiente a la linea de carrera está bajo licencia Creative Commons y ha sido realizada por Interiot.

La imagen correspondiente a las distracciones es un streaming modificado de una captura perteneciente a iRacing.com.

Las imágenes de reglas son obra y propiedad del autor.

El resto de imágenes tienen licencia Creative Commons.

La portada es obra de Alberto Segovia.

Glosario

FFB o Force feedback: Se denomina *Force Feedback* (retroalimentación de fuerza) al sistema por el cual los volantes se dotan de un motor eléctrico que simula la sensación de conducción de un coche real: mayor o menor dureza en la dirección, temblor al coger un bache o al tener un accidente, tirada en las curvas...

Bug: Error de software o hardware que provoca un resultado inesperado.

Upgrade: Actualización o mejora.

Dashboard: Salpicadero simplificado, real o virtual que se usa por medio de aplicaciones o pantallas para mostrarnos información relevante del momento de la carrera y de nuestro vehículo.

DLC: Contenido descargable de mejora o añadidos para un producto ya comercializado. Puede ser gratuito o de pago.

Direct Drive: Mecanismo que extrae la potencia directamente del motor, sin engranajes o intermediarios, por lo que es más simple, mas eficiente, más preciso y permite mayor potencia.

Hotlapping: Modo en que un único vehículo en pista busca mejorar su rendimiento y constancia a través de ir marcando tiempos exprimiendo a fondo la dupla de piloto y coche.

FOV: El campo de visión o campo de perspectiva, también conocido por sus siglas en inglés equivalente *FOV* (*field of view*) es la extensión de mundo observable en un momento dado. Se refiere al ángulo que se puede percibir del mundo virtual generado en el dispositivo de visualización asociado a la posición del punto de visión. Dado que la imagen es generada a merced del diseñador, este ángulo es modificable y en muchos juegos 3D se permite modificar dicho *FOV*. De este modo, existen dos ángulos a considerar: el campo de visión vertical y el horizontal.

Apex o vértice: Punto ideal de aceleración dentro de la curva. No confundir con el apex geométrico ya que el apex en el pilotaje depende del vehículo y de las irregularidades de la pista entre otras variables.

Subviraje: El subviraje es un fenómeno que se produce durante la conducción de un vehículo que provoca que el giro real del mismo sea menor al que teóricamente debería inducir la posición de las ruedas delanteras. De este modo la parte delantera del vehículo tiende a salirse hacia el exterior de la curva. Se produce cuando el vehículo pierde adherencia en el tren delantero, por lo cual, da la sensación de "abrirse" en las curvas.

Sobreviraje: Sobreviraje es el fenómeno de deslizamiento del eje trasero que puede ocurrir en un automóvil al tratar de tomar una curva o cuando ya se está girando. Se dice que el coche hace un sobreviraje cuando las ruedas traseras no siguen el mismo recorrido que el de las ruedas delanteras, sino que se deslizan hacia el exterior de la curva. El exceso de sobreviraje puede hacer que el vehículo haga un trompo. En otras palabras más simples, el sobreviraje se da cuando la parte trasera del vehículo quiere ir por delante de la parte delantera.

Pole: es el término que se utiliza en ciertas modalidades de automovilismo y motociclismo en circuito para designar el primer lugar en la parrilla de salida de una carrera.

Trail braking: técnica avanzada en la que la pisada del freno se prolonga hasta el vértice de la curva. Explicada en su correspondiente apartado.

Punta-tacón: es una técnica avanzada de conducción en la que se pisa el pedal de freno de un coche con la punta del pie y se acelera con el talón. Esta maniobra es empleada, generalmente, por pilotos de competición durante una carrera para frenar y, al mismo tiempo, reducir una o varias marchas a la entrada de una curva. Mientras se frena con la punta del pie, con el tacón se da un acelerón para igualar la velocidad de giro de los ejes primario y secundario del cambio y así facilitar la inserción de la marcha deseada.

SOF: fortaleza del campo o fortaleza de la parrilla. Definición sobre la media del nivel de contrincantes que van a tomar la salida. Cuanto más alto, más difícil puntuar y más recompensa al hacerlo.

Made in the USA
Coppell, TX
16 November 2022

86521685R00115